LE
CHOCOLAT

PAR

DELAFONTAINE ET DETTWILLER

Successeurs de M. Masson.

PARIS
CHEZ LES AUTEURS, RUE RICHELIEU, N°s 28 ET 28 BIS
ET CHEZ TOUS LES LIBRAIRES

1860

LE CHOCOLAT

36167

Typ. Cosson et Comp., rue du Four-St-Germain, 43.

LE CHOCOLAT

PAR

DELAFONTAINE ET DETTWILLER

Successeurs de M. Masson.

PARIS
CHEZ LES AUTEURS, RUE RICHELIEU, 28
ET CHEZ TOUS LES LIBRAIRES

1859

AVANT-PROPOS

Chaque jour le chocolat prend une place plus grande dans l'alimentation publique. Dégusté naguère par de rares privilégiés qui demandaient à ses précieuses qualités de relever des forces affaiblies par l'abus, il est devenu un des aliments justement préférés des classes aisées, et il tend à entrer pour une part fort grande dans la nourriture des classes ouvrières. Notre maison contribue depuis longues années à ce résultat. En racontant aujourd'hui l'histoire du chocolat et des matières premières qui le composent, en énumérant au lecteur les qualités éminemment substantielles et bienfaisantes que la science et l'expérience lui attribuent, en lui faisant connaître les meilleurs procédés de fabrication et lui dévoilant les nombreuses falsifications qu'une cupidité coupable fait subir à un produit qu'altère toute mixture, nous poursuivons le même but, nous restons dans notre rôle de chocolatiers et n'en ambitionnons pas d'autre.

Si, pour remplir cette tâche modeste, mais utile, nous sommes obligés d'aborder quelques questions que la science économique semble pouvoir seule éclairer et résoudre, on nous pardonnera en songeant que le chocolat est aujourd'hui, pour un grand nombre, un objet de première nécessité, et qu'il est impossible, dans un ouvrage qui lui est consacré, d'éluder certaines questions d'hygiène publique que soulève sa consommation, et de ne pas souhaiter qu'une législation douanière — condamnée en principe par tous — n'entrave plus notre industrie d'une manière aussi onéreuse pour le fabricant que préjudiciable pour le public. Dans cette question nous n'apporterons, d'ailleurs, que le tribut de notre expérience commerciale, laissant à d'autres le soin de soulever et de poursuivre une polémique qui en prépare et en amène la solution.

Dans le cadre restreint que nous avons tracé à cet opuscule, beaucoup de détails, plus essentiels pour le fabricant qu'intéressants pour le consommateur, ont dû être omis, notre intention n'étant pas de publier un manuel du chocolatier, mais de mettre le lecteur à même de juger les produits que celui-ci lui livre, et d'attirer son attention sur une industrie dont le développement doit avoir une si heureuse influence sur le bien-être général et la santé publique.

En racontant comment l'on prend le chocolat partout, nous serons forcés de dévoiler certains traits de mœurs qui, satisfaisant un peu la curiosité de nos lectrices, nous feront pardonner quelques détails ennuyeusement techniques.

Elles seront d'ailleurs indulgentes pour le livre en pensant que les auteurs ont consacré leur existence à perfectionner un aliment qui a mérité le nom de nourriture des dieux, sans doute, parce que ses arômes, si agréables au palais, sont pour la beauté le meilleur et le plus puissant des cosmétiques.

LE CHOCOLAT

CHAPITRE PREMIER.

Le chocolat chez les Aztèques. — Son introduction en Europe. — Anne d'Autriche et le cardinal de Richelieu. — Louis XIV et le régent. — Cacao, thé et café. — Leur influence sur la civilisation et le tempérament des peuples. — Le chocolat dans le bien-être et l'alimentation moderne.

Lorsque les Espagnols firent la conquête du Mexique, ils furent étonnés de voir un peuple puissant et d'une civilisation avancée préférer aux aliments les plus succulents la graine d'un arbre qui n'avait aucun rapport avec les grains et les fruits d'Europe, et d'en faire presque sa seule nourriture. C'était le fruit du cacaoyer que, dans leur enthousiasme, Linné et les naturalistes devaient nommer *theobroma*, nourriture des dieux, mais auquel, malgré les prétentions savantes, on a toujours conservé le nom de *cacao* qu'il portait chez les Aztèques.

Les Mexicains des hautes classes le consommaient

pur, aromatisé de différentes manières et sucré avec du miel. Les grands et les guerriers avaient seuls le droit de se nourrir de certaines espèces, — comme du plus restaurant des aliments, du plus capable de réparer les forces épuisées ou d'exciter la vigueur, — d'y joindre le Chillé, de le colorer avec du rocou (suc astringent de couleur aurore obtenu des semences du *bixa orellana*) et de le sucrer avec la séve du maguey (variété de l'agave).

Pour Montézuma seul on y joignait le parfum de la vanille, et à toute heure du jour on entretenait dans son palais des vases d'or pleins de la royale liqueur.

Le peuple mêlait de la farine de maïs au cacao, broyé entre deux pierres, l'aromatisait avec le piment et le prenait cuit dans l'eau. Ces préparations s'appelaient *chocolat*, de deux mots de la langue mexicaine, *choco*, son, bruit, *alte*, eau, parce qu'on le battait dans l'eau bouillante pour le faire mousser. Au dire de Rables, de Cornejo d'Herrera, d'Oviedo, de Bernal Dias de Castille, qui les premiers en ont parlé, le cacao était la principale nourriture des Mexicains ; ils l'estimaient assez pour se servir de ses grains comme de petite monnaie.

Maîtres du Mexique, les Espagnols apprécièrent bientôt les qualités aromatiques du cacao marié au parfum de la vanille ; ils eurent l'idée d'en combattre l'amertume avec du sucre, et dès lors l'usage du chocolat prit une extension plus grande encore. Introduit en Espagne, il devint rapidement une des bases de l'alimentation publique; il y entre aujourd'hui au moins pour un quart dans la nourriture du peuple. La verve gauloise a sans doute ajouté un trait au tableau des pittoresques guenilles dont se drape la vanité espagnole en racontant que les mendiants s'abordent le matin en se demandant entre eux si leur seigneurie ont pris leur chocolat; mais si un accident quelconque privait la paresseuse Espagne des cacaos de l'Amérique, nous doutons que, malgré sa sobriété proverbiale, elle pût supporter la disette qui l'atteindrait.

Le mariage d'Anne d'Autriche avec Louis XIII introduisit l'usage du chocolat à la cour de France, où il n'avait fait jusqu'alors que de rares apparitions. Les dames de la cour adoptèrent facilement le déjeûner de la reine; leur coquette gourmandise, leur santé et la fraîcheur de leur teint s'en trouvaient également bien. Le tempérament sec, nerveux, usé par le travail, la passion et la pensée, du cardinal de Richelieu trouva dans cette substance nouvellement introduite l'aliment qui lui convenait le mieux, et, d'après le témoignage de Béhérens, son usage rétablit sa santé et prolongea sa vieillesse. Les courtisans ne pouvaient résister à un exemple donné par le puissant ministre; dès ce moment l'usage du chocolat fut solidement établi parmi la noblesse française.

Louis XIV, avec son puissant appétit, estimait moins un aliment qui excite peu l'estomac et trompe facilement la faim, que les plats un peu pantagruéliques qu'on posait sur la table royale. Les princesses du sang, les dames de la cour restèrent fidèles au chocolat, qui aida beaucoup à soutenir la santé délicate de madame de Maintenon, en lui permettant de supporter les longs jeûnes auxquels la soumettaient sa dévotion et l'étiquette. Une question fort intéressante pour les estomacs faibles et les consciences timorées venait alors d'être tranchée par le cardinal Baruccio et d'autres savants casuistes italiens et espagnols qui avaient fait assaut d'érudition pour démontrer que le chocolat, étant évidemment une boisson faite avec l'eau, ne pouvait pas du tout être considéré comme un aliment ni rompre le jeûne. Madame la princesse des Ursins, alors toute-puissante auprès de Philippe V roi d'Espagne, se hâta d'instruire madame de Maintenon d'une décision à laquelle peut-être elle avait un peu contribué, et dès lors, comme nous l'apprend la correspondance des deux favorites, les carêmes furent entièrement et pieusement observés en prenant son chocolat — à l'eau — toutes les fois qu'on voulait, dans la journée, comme si on avait bu un verre d'eau fraîche.

A la cour du Régent, on jeûnait aussi, mais moins qu'à celles de Louis XIV et de Philippe V ; S. A. R.

denandait tous les matins au chocolat de réparer des forces que l'abstinence n'avait pas toujours usées, et cette habitude modifia l'étiquette de la cour. « Le régent, dit le maréchal de Bellisle dans son testament politique, n'avait pas de petit lever... Après son lever, l'huissier de la chambre ouvrait l'escalier dérobé, et S. A. R. venait alors prendre son chocolat dans une pièce où l'on venait lui faire sa cour; c'est ce qu'on appelait être admis au chocolat de S. A. R. »

Ninon de Lenclos, qui dut à une sage hygiène d'avoir conservé jusqu'aux dernières limites de l'âge sa merveilleuse beauté, offrit à Voltaire sa première tasse de chocolat. L'illustre philosophe devait, près d'un siècle plus tard, le nommer le lait des vieillards et en faire presque l'unique nourriture de ses dernières années. Il avait l'habitude de le couper avec du café, corrigeant les défauts de ces deux aromes l'un par l'autre, ou plutôt unissant ensemble leurs bienfaisantes qualités. Un industriel a voulu, de nos jours, mais sans succès, renouveler ce mélange dans un produit qu'il offrait au public sous le nom un peu burlesque de *choca*.

Sous Louis XV et Louis XVI, le chocolat, sans exciter le même enthousiasme que le café, devint en France d'un usage assez général, mais moins répandu qu'en Espagne et en Italie, où il avait été introduit par le Florentin Antonio Carlotti ; il fut peu apprécié par les Hollandais dont il ne fouettait pas assez l'humeur flegmatique ; et les droits énormes que la politique réactionnaire et ombrageuse du dernier Stuart fit peser sur le cacao, l'exclurent de l'Angleterre où il n'est encore entré dans les habitudes que de quelques riches privilégiés.

Trois éléments nouveaux, le cacao, le thé et le café, faisaient alors, et presque en même temps, leur apparition en Europe et apportaient une modification profonde dans l'alimentation des peuples et par suite dans leurs habitudes, leur tempérament, leurs mœurs et leurs idées. Ils formaient avec les épices cet ensemble de substances, de nourriture aromatiques dont la physiologie cherche encore à calculer la puissante action sur l'organisme, et qui semblent devoir jouer un si grand rôle dans la civilisation de l'avenir.

Le thé, venu de Chine, apportait à l'Angleterre une boisson tonique, stimulante, assez nerveuse pour combattre puissamment les lourdeurs d'une digestion trop substantielle, les âcres vapeurs de l'ale et du porter, mais se prêtant trop facilement aux mixtions alcooliques qui remplissent les tavernes de Londres, comme celles de Canton et de Pékin, d'une population hideusement abrutie par la misère et l'ivresse constante. Ces excès, toutefois, ne sauraient lui être directement imputés; le gin et le wiski en sont surtout coupables, et si à ses qualités le thé joignait un peu de cette énergie généreuse qui déborde dans nos vins de France, de cette activité pensante que nous trouverons au café, ou de ces propriétés toniques dont abonde le cacao, nous oublierions volontiers qu'il prédispose aux appétits alcooliques en affadissant l'estomac et en débilitant le cerveau. Mais il est pour trop dans l'énervation et le marasme asiatiques, et nous craignons qu'à la longue, la forte nourriture de l'Angleterre et le climat de la Russie en soient impuissants pour combattre ses funestes effets.

Nous n'avons, Dieu merci, rien à redouter du thé pour la France, il ne sera jamais chez nous la boisson habituelle. Si le goût ou la mode en font parfois nos déjeuners ou nos collations, là se borne son usage; pour le plus grand nombre, il reste le remède obligé de tout embarras digestif et n'a pas d'autre rôle.

Découvert en Arabie dans le treizième siècle, le café arriva en France au moment où les esprits, travaillés par les idées d'indépendance et de réformes sociales, préparaient le mouvement de 1789. Nul doute qu'il n'ait été un puissant agent dans la révolution et dans la période d'activité civilisatrice qui l'a suivie. Son action sur le cerveau, qui lui a valu le nom de liqueur intelligente, se fit sentir dès l'origine; les princes de l'islam, les scheik-sheriff de la

Mecque, les sultans de Constantinople redoutèrent les causeries et les libres pensées qu'il excitait ; ce ne fut qu'après deux siècles de persécutions, de guerres et de disputes que son usage, aujourd'hui si répandu en Orient, s'établit dans l'islamisme. Charles Stuart, deuxième du nom, fit aussi fermer, en 1675, les cafés de Londres et défendit de boire de cette liqueur abominable qui semblait faire sourdre des idées d'opposition dans la cervelle de tous ceux qui y goûtaient. Lorsque le Florentin ouvrit en France le premier café, la majestueuse solennité du règne de Louis XIV avait dégénéré en ennui, et les soupers du régent, en amenant tout le débraillé de la débauche, fournissaient un remède pire que le mal. L'ivrognerie était presque de mise ; soûl de champagne, un marquis était charmant ; rouler sous la table fut fort ordinaire aux plus grands seigneurs. Le café devint la liqueur des hommes d'intelligence, des hommes d'élite. Le cabaret de la *Bouteille d'Or*, où s'étaient assis Racine, Boileau, La Fontaine, où plus d'une fois La Chapelle laissa sa raison, fut abandonné. Au sortir de la comédie, Voltaire, Diderot, d'Alembert, Fontenelle établirent leurs causeries au café Procope, Rousseau et Franklin s'assirent au café de la Régence ; la chanson et peut-être la gaieté y perdirent, l'encyclopédie y gagna. Le café anime, surexcite le cerveau, rend l'esprit net, vif, la pensée abondante, et si parfois dans ses allures prime-sautières il nuit à la réflexion et creuse moins le sujet, il étend les surfaces et fait jaillir dans le feu de la saillie ses fulgurants aperçus qui, plus tard commentés, s'étendront en horizons immenses. Par son action nerveuse, il nous donne cette netteté de conception, cette rapidité de décision, cette activité si nécessaires à l'homme civilisé dans la bataille de la vie : il combat le sommeil et permet le travail, seule arme contre la misère. Mais jusqu'à quel point s'étendra son action, et la large place qu'il occupe dans l'alimentation des peuples ne leur deviendra-t-elle pas funeste en créant au bout de quelques générations de ces tempéraments nerveux, fébriles, irascibles, maladifs, trop délicats pour vaincre la fatigue, et qui, redoutant l'action, ne chercheront que le rêve. Et déjà n'en voit-on pas un peu partout les germes ? Chez les femmes surtout, pour qui la surexcitation sensuelle que donne le café passe bientôt à l'état de besoin irrésistible, de maladie incurable ? Comme aliment, le café contient, il est vrai, des principes nutritifs fort riches, et, pris après le repas ou la fatigue, il active singulièrement la digestion et ranime instantanément les forces de l'homme ; mais en est-il ainsi chez la femme ? son organisation nerveuse n'est-elle pas trop vivement atteinte par le café noir ? Quant au café au lait, on sait quels désastreux et souvent irrémédiables désordres il amène dans leur santé, et combien tous les médecins sont d'accord pour en proscrire l'usage.

Cette puissance que nous supposons à l'alimentation d'agir sur le tempérament et le caractère des générations et de les modifier parfois de la manière la plus radicale, a été reconnue de tout temps pour les individus. Les ordres religieux en ont fait un des principes de l'ascétisme ; la science médicale en fait la base d'un grand nombre de ses traitements. Nous verrons comment agira le cacao.

Le chocolat pur et bien préparé est, d'après tous les médecins, un des aliments les plus restaurants et les plus salutaires qu'on connaisse. C'est peut-être celui qui, sous le moindre volume, contient le plus de particules nutritives, ce qui fait qu'il s'assimile presque en entier. Ses principes aromatiques stimulent, sans les fatiguer, les estomacs les plus faibles, les plus délicats, et, suivant l'expression de Brillat-Savarin, « bon et bien fait, il doit passer dans tout estomac où il reste un peu de pouvoir digestif. » La chimie, qui détermine la vertu des substances d'après les éléments qui les composent, proclame le cacao vingt fois plus riche en principes azotés assimilables que la farine de froment la plus fine, y trouve un principe gommeux, plusieurs parties amidonnées, du tanin, et explique ainsi les propriétés bienfaisantes que lui ont reconnues des siècles d'expérience. Il fortifie l'estomac, répare d'une manière très-prompte les forces abattues; stomachique, pectoral et de facile digestion, il convient aux tempéraments faibles, aux convalescents, aux vieillards, à ceux qui se livrent aux exercices violents, et à tous ceux qui se consacrent aux travaux assidus de l'esprit, à l'homme de lettres, au savant, à l'artiste, au voyageur et à l'homme sédentaire.

Il donne une vie nouvelle aux organisations épuisées par les excès du plaisir ou les souffrances de la misère, qui s'éteignent dans la langueur et l'atonie ou le défaut d'action des fluides; c'est l'aliment qui vient le mieux en aide aux remèdes qui combattent la phthisie et le rachitisme, ces deux plaies des grandes populations, et on recommande son usage pour faire disparaître les traces que laisse dans l'organisme le poison qui atteint la vie dans ses sources les plus intimes.

Loin de produire, comme le café, cette surexcitation fébrile qui se traduit en insomnie et, à la longue, en tremblement nerveux, il régularise la circulation sanguine et donne aux battements des artères et du cœur un développement qui rend le pouls ample, souple et vigoureux, sans accélérer ses pulsations. L'harmonie vigoureuse qu'il fait naître dans les fonctions organiques produit ce sentiment de calme bien-être qui inspire des idées heureuses et fait dire qu'on sent la vie circuler dans ses veines. Aussi la médecine le considère-t-elle comme le plus agréable et le plus salutaire des analeptiques, et le prescrit-elle pour éloigner l'hypocondrie et les affections mélancoliques qu'amène trop souvent la surexcitation nerveuse.

On sait que la cosmétique demande au beurre de cacao un des rares éléments avec lesquels elle agit sur la peau d'une manière salutaire et efficace. Les effets du chocolat se traduisent à l'extérieur des personnes d'une manière assez réelle pour qu'à la fraîcheur de leur teint, à un embonpoint plein de santé, à l'éclat de la peau, on reconnaisse la femme qui en fait sa nourriture ordinaire, comme à l'inspection de son teint, aux spasmes, aux palpitations qui l'oppressent, on reconnaît celle qui fait usage du café au lait.

Les qualités nutritives et toniques du chocolat communiquent à l'homme une vigueur exubérante qui, dit-on, donne une trop grande prépondérance aux affections corporelles, au sensualisme. Ces propriétés outrées qu'on veut accorder au cacao sont-elles bien réelles, et quelques anecdotes, comme le chocolat du régent et la tasse de chocolat vanillé que prenait Montezuma avant de visiter son harem, n'ont-elles pas trop contribué à lui faire sous ce rapport plus de réputation qu'il ne mérite? Il est possible que les chocolats à l'ambre qu'on sert au sérail, ceux, si parfumés, qu'excellent à préparer les religieuses créoles et dont les dames de Chiappa raffolent assez pour s'en faire apporter et en prendre même dans les églises, possèdent ces propriétés excitantes et les exercent dans des climats où la vie se passe dans un far-niente continuel, au milieu d'atmosphères chargées de mille senteurs voluptueusement pénétrantes, où l'opium, le latakié, le hachich, tout ce qui donne le rêve et tue l'action est avidement recherché, où le kief enfin est le suprême bonheur et presque le seul but de la vie. Mais dans nos pays rien de pareil n'est à craindre. La civilisation nous a créé une habitude d'activité et des besoins assez grands pour que l'inertie orientale ait pour nous peu d'attraits. D'ailleurs un obstacle infranchissable, leur cherté, empêchera toujours en Europe l'abus de ces chocolats dans lesquels, comme dans les chocolats médicinaux, le cacao ne sert que de véhicule agréable aux principes actifs.

On a craint aussi que le calme qu'il procure ne dégénérât en insouciante inertie, en alourdissement physique et moral, et on a cité l'exemple des populations de l'Amérique du Sud et l'abaissement de l'Espagne. Si nous n'étions pas simplement industriels et commerçants, nous trouverions peut-être d'autres causes que l'usage du cacao à l'état de ces peuples, et nous croirions volontiers que le chocolat n'est pour rien dans l'établissement de l'inquisition en Espagne ni dans les persécutions qui, avec les juifs, les Maures et les novateurs de toute sorte, chassèrent le progrès et l'industrie de ce pays, mais qu'il est pour beaucoup dans la vigueur et la beauté que, malgré la misère, la disette et la pénurie constantes, conserve encore le peuple espagnol.

En enrayant les mouvements trop violents de l'économie animale, en calmant le jeu ardent d'un système nerveux que tout surexcite et agace, le chocolat rend un immense service aux populations septentrionales. Il leur en rend un plus grand en leur fournissant l'aliment le plus en rapport avec leurs habitudes d'activité et de travail, et qui peut devenir une des matières nutritives les moins coûteuses et à coup sûr une des plus substantielles, des plus réconfortantes et des plus agréables.

Deux hommes suffisent à la culture de cinq mille cacaoyers qui donneront chacun annuellement deux kilogrammes de cacao; et le cacaoyer à l'état sauvage peuple les forêts d'Amérique; il pourrait être cultivé sur une zone immense et devenir pour tous ceux qui se consacreraient à son exploitation une source inépuisable de richesses. Malgré l'abandon où on le laisse, le cacao ne manque jamais à la demande qui augmente toujours, et son prix commercial ne subit de grandes fluctuations que lorsque des causes politiques, des crises économiques ou des événements imprévus viennent peser sur ses cours.

Le chocolat pourrait entrer pour un quart dans l'alimentation publique de toute l'Europe, sans que cette augmentation fît sentir la pénurie dans la récolte et influençât le prix. Or, le développement immense qu'a pris en France depuis quelques années sa consommation, l'attrait qu'a pour tous cet aliment, nous font croire qu'elle atteindrait cette proportion, s'il était possible au fabricant de livrer des chocolats simplement composés de cacao et de sucre au prix auquel on vend les étranges compositions qu'on fait consommer à la classe ouvrière sous le nom de chocolat. Les droits sur le cacao s'élèvent aujourd'hui à 33 centimes par livre, c'est-à-dire presque à 60 pour 100 pour les qualités inférieures. Or, si ces droits étaient abolis ou largement diminués, le fabricant baisserait d'autant les prix de son chocolat, et, au lieu de quatre millions de kilogrammes de cacao que consomme annuellement la France, elle en consommerait le double; la sophistication, ayant moins de raison d'être, affronterait moins ouvertement la répression que l'appât du gain lui fait braver; l'ouvrier, trouvant au meilleur marché possible dans le chocolat l'aliment éminemment réparateur qu'il cherche, ne serait plus soumis à la cuisine malsaine, nauséabonde, de la gargote dont la digestion et trop souvent l'absorption n'est possible qu'à l'aide de puissants alcools. Un grand pas serait fait dans la solution du difficile problème de la disette et des crises alimentaires qui périodiquement ruinent le commerce et affament le public.

Une autre grave question d'hygiène publique serait résolue. La phthisie, les affections scrofuleuses, les maladies dermiques déciment les grands centres de population et peuplent les hôpitaux de constitutions étiolées qui s'éteignent à l'heure de la jeunesse où la nature prodigue la santé et les forces. Ces maladies, ces morts prématurées n'ont qu'une cause : les privations de l'enfance, le manque et la mauvaise qualité de son alimentation. Le jour où, pour les quelques sous qu'il consacre à la nourriture de ses enfants, le pauvre pourra leur donner, au lieu d'une tasse de lait, sécrétion trop souvent malsaine et sophistiquée, ou de quelques tartines d'une confiture sans nom possible, le chocolat comme aliment ordinaire, on verra sur leurs joues ce brillant incarnat de la santé qui fait distinguer des autres les enfants des cultivateurs du cacaoyer, et leur robuste jeunesse s'épanouira à l'abri de tout étiolement.

Le rôle du chocolat peut être, on le voit, très-grand, et l'industrie qui le produit mérite bien quelque intérêt. Les puissantes machines qui broient le cacao, le mêlent au parfum de la vanille, font plus que de préparer d'exquises jouissances aux palais les plus délicats. Leur tâche dans le bien-être et la santé du peuple est plus grande. Le jour où n'existeront plus les obstacles qui les entravent, où le cacao et le sucre n'auront point à payer les droits onéreux qui en font encore des objets de luxe, elles seront là pour remplacer le blé lorsqu'il manquera à la moisson, et le bétail que la cherté du fourrage aura fait disparaître. L'industrie chocolatière a fait, comme progrès, nous le démontrerons en étudiant ses procédés, plus qu'on devait attendre d'elle, plus surtout qu'on devait en prévoir d'après la modeste tâche qu'on lui supposait il y a cinquante ans. Elle a bien quelque droit aujourd'hui à la sympathie de ceux que préoccupe l'avenir. Si elle espère, si elle souhaite un dégrèvement, c'est qu'elle sait pouvoir rendre en services le centuple de ce qu'on fera pour elle.

Ces prétentions, qu'on trouvera peut-être peu modestes, que nos lectrices nous les pardonnent. Nous resterons avant tout leurs chocolatiers dévoués, nous absorbant plutôt dans la confection d'un chocolat qui leur plaise ou dans la recherche d'un bonbon séduisant de forme et friand au goût, que dans des problèmes économiques ou dans des rêves d'une civilisation à venir.

CHAPITRE II.

Matières premières. — Cacao. — Sucre. — Vanille, etc.

Dans sa composition la plus simple et la meilleure, le chocolat n'admet que trois substances ou matières premières : le cacao, qui en est la base et pour ainsi dire l'élément unique ; le sucre, qui ne s'y mêle que pour corriger l'amertume du cacao, et la vanille, dont le parfum stimule puissamment le goût et aide le travail des estomacs paresseux. D'autres substances, telles que le salep, qui ajoute à ses qualités analeptiques, l'arrow-root et le tapioca, qui diminuent son action stimulante, ne doivent y entrer que pour lui donner quelques vertus spéciales. Nous mentionnerons la plupart de ces substances en parlant des précautions qu'exige leur présence dans le chocolat ; une étude particulière de chacune d'entre elles nous entraînerait trop loin de notre sujet principal. Nous devons cependant dire quelques mots de la cannelle, dont l'industrie chocolatière fait un assez grand usage.

La spéculation, pour répondre à des exigences mal raisonnées et pouvoir livrer au public le chocolat au bas prix auquel il le désire, mêle des fécules et des farines à une quantité plus ou moins grande de cacao. C'est là une falsification ; mais lorsque ces fécules sont fraîches et bonnes, c'est une sophistication innocente, du moins quant à ses résultats sur la santé publique, et sur laquelle nous aurons plus tard à revenir.

La thérapeutique associe souvent au cacao le cachou, le fer, le quinquina, la magnésie, etc., etc. Ces préparations appartiennent alors à la science médicale. Le pharmacien, triturant lui-même dans ses officines du chocolat ordinaire, y ajoute le médicament prescrit par l'ordonnance et n'a recours au fabricant que lorsqu'il doit opérer sur de grandes masses. Ces chocolats, dits chocolats médicinaux, sont donc de véritables préparations pharmaceutiques ; c'est au Codex de régler leurs formules, de donner leurs recettes.

Le cacao et la vanille nous intéressent donc presque seuls ; le sucre, substance trop connue et ne servant d'ailleurs que comme condiment, ne peut être ici l'objet d'une étude détaillée. Nous nous bornerons à recommander de n'employer dans la fabrication du chocolat que les plus blancs et les plus purs. Les sucres bruts, les cassonades, les sucres tachés contiennent toujours des matières impures, d'un goût désagréable, dont le contact rancit rapidement les huiles essentielles de cacao. Il faut même, autant que possible, s'assurer du procédé employé pour leur épuration, certaines méthodes laissant mêlés au sucre des sels et des oxydes de plomb qui non-seulement nuisent à la bonne fabrication du chocolat, mais qui peuvent rendre son usage dangereux. Les recommandations qu'on fait sur la préférence à accorder au sucre de canne est fondée sur le préjugé ; il est impossible à leur sortie de la raffinerie de distinguer les pains qui sont dus au jus de betterave de ceux formés par le sirop plus pur de la canne, leurs qualités physiques et chimiques étant les mêmes.

Le cacaoyer ou cacaotier, *Theobroma* des naturalistes, appartient à la famille des malvacées (tribu des bittheriacées de De Candolle, polyadelphie diandrie de Linné) ; il a la forme d'un cerisier et s'élève ordinairement à la hauteur de sept à huit mètres sans jamais en dépasser dix ; son tronc poreux et fort léger est revêtu d'une écorce de couleur cannelle. Des feuilles alternes, lancéolées, acuminées, nerveuses et veineuses en dessous, longues de vingt-cinq à trente-cinq centimètres et larges de dix, pendent aux rameaux attachées par de larges pétioles ; glabres, lisses et d'un vert brillant, elles rappellent par leur forme et leur couleur les feuilles des lauriers de nos contrées, et comme celles-ci elles couvrent toute l'année l'arbre qui les produit.

Il est aussi paré en toute saison d'une innombrable multitude de fleurs qui s'épanouissent en faisceaux sur le tronc et sur les branches. Extrêmement petites et sans odeur, elles sont complètes, formées de cinq folioles lancéolées et pointues, pâles en dehors, rougeâtres en dedans, ouvertes et caduques. La corolle compte cinq pétales en cuilleron et dentelés, jaunâtres ou couleur de chair, fort pâles et tachetés de pourpre vers leur base ; cinq étamines à cinq sommets, portées par cinq lances, forment au centre le nectarium. Sur un millier de fleurs, dix nouent à peine et produisent un fruit de la grosseur et de la forme d'un concombre, roussâtre, pointu au sommet, dont la surface raboteuse est relevée par une dixaine de côtes peu saillantes.

La capsule, coriace, de deux à quatre millimètres d'épaisseur, est divisée intérieurement en cinq loges membraneuses non persistantes, remplies de vingt à trente-cinq graines ovoïdes attachées à un placenta commun et enveloppées dans une pulpe blanche, mucilagineuse, et d'une acidité agréable lorsque le fruit est mûr.

Ces fruits ou *cabosses* pendent le long du tronc et

mûrissent en toute saison; leur pulpe, légèrement fermentée, donne le vin de cacao; les graines ou amandes ressemblent assez à notre amande commune, mais elles sont plus arrondies et couvertes d'une pellicule sèche et dure; leur substance est violacée, d'un goût amer et un peu âcre mais agréable. Ces graines entrent dans le commerce sous le nom de cacao, après avoir subi les préparations que nous aurons à décrire.

L'amande du cacaoyer ou cacao contient une huile essentielle, concrète, odorante, douce, d'un blanc jaunâtre, qui se rapproche du suif de veau par sa consistance, et fond rapidement au palais en laissant une saveur agréable dans la bouche; elle est connue dans le commerce sous le nom de beurre de cacao. La médecine l'ordonne comme pectoral et le classe parmi les adoucissants, les humectants et les expectorants. Le cacao contient en outre un principe aromatique très-prononcé, une proportion notable d'amidon, une quantité assez grande de tanin et une substance gommeuse. En le comparant à la farine de froment, on trouve qu'il possède environ vingt-cinq fois plus de matière azotée et immensément plus de matière grasse. Tous ces éléments donnent à cette substance l'éminent pouvoir nutritif qui a valu au chocolat la réputation dont il jouit dans toutes les contrées du monde.

Le cacaoyer croît particulièrement au Mexique, où il fut d'abord observé par les Européens, sur la côte de Caracque, dans les provinces de Nicaragua et de Guatimala. On en trouve des forêts entières dans la Guyane, au Brésil, dans le Paraguay, le Vénézuéla et le Pérou. Cuba, la Jamaïque et la Dominique possèdent aussi cet arbre précieux, qui croît également en Afrique, dans les îles de la Réunion, et en Asie, dans les Philippines.

D'une complexion très-délicate, le cacaoyer exige une température très-élevée et une terre vierge dont les sucs abondants puissent suffire à sa luxuriante végétation. Cette terre doit être plus forte que légère, fraîche, bien arrosée, mais sans être noyée. Le sol le plus convenable est le terrain noir ou rougeâtre, mêlé de gravier, et placé le plus possible dans le voisinage d'une rivière qui en rende l'arrosement facile, et surtout à l'abri du vent, qui exerce de grands ravages dans les plantations de cacaoyers, dont la racine pivotante présente peu de résistance à ses efforts. Le premier soin du planteur est donc de choisir un terrain convenable; il débarrasse ensuite un espace d'environ huit cents mètres carrés de toutes les plantes qui l'occupaient; si l'espace défriché est plus grand, il le divise en plusieurs carrés environnés de bonnes haies et entourés de plantations de bananiers, de caroubiers, de citronniers et de bambous qui les abritent contre le vent et les orages, ennemis les plus terribles des cacaoyers.

On garnit ensuite les carrés soit en graine, soit en plant : dans ce dernier cas, le plant doit être un peu fort, afin que les insectes l'endommagent moins. Les graines ne réussissent bien que dans un terrain entièrement neuf. On écaille des cabosses mûres et on en tire les graines, qu'on met aussitôt en terre à deux ou trois pouces de profondeur, en coulant chaque amande dans un trou, le gros bout en bas, et en en plaçant deux ou trois à côté les unes des autres. Cette opération doit être faite par un temps pluvieux, en juin ou à la fin de septembre. Comme le soleil brûlerait de ses caresses trop ardentes les premières pousses venues de semences, on a soin de placer dans les espaces vides des plants de manioc, qui les protégeront de leur ombre.

Les graines germent rapidement ; les jeunes pousses paraissent dix jours après le semis, et ont acquis au bout de neuf ou dix mois environ deux pieds d'élévation ; on récolte alors le manioc, dont la racine fournit le tapioca, et on fait choix des brins de cacaoyer qui doivent rester en place. Cette opération est délicate et doit être faite par une main exercée, qui sache enlever ceux qu'on retranche sans attaquer les racines peu nombreuses, fines et superficielles des plants qui restent.

On replante aussitôt du manioc entre les rangées des cacaoyers, et dans les intervalles vides on sème des citrouilles, des concombres, des choux caraïbes dont les larges feuilles empêchent les herbes étrangères ou nuisibles de pousser.

Au bout d'un an, ordinairement, l'arbre présente une hauteur de quatre pieds et se termine par une tête ou couronne, au-dessous de laquelle, si on n'y met obstacle, se dressent bientôt plusieurs ordres de couronnes semblables qui nuisent à la première. On arrête alors sa croissance pour qu'il reste plus robuste, que la récolte de son fruit soit plus facile, et qu'il offre aux vents moins de prise. Les premières fleurs apparaissent sur le cacaoyer dix-huit mois après sa plantation ; on les enlève pour ne pas épuiser le sujet en lui laissant produire des fruits trop précoces ; à trois ans, on lui en laisse quelques-unes ; à quatre ans, on les respecte toutes : deux ans encore, et il aura acquis toute sa force.

Si le colon applique au cacaoyer une culture attentive, il le verra pendant vingt et trente ans toujours couvert de fleurs et de fruits. Deux façons par an lui sont nécessaires, l'une après la première récolte d'été, l'autre un peu avant la saison des pluies. Il faut, après avoir soigneusement labouré la cacaoyère, relever autour de chaque arbre des terres chaudes qui empêchent les petites racines qu'il jette à fleur du sol de prendre l'air et de se dessécher. Le bout des branches, quand il est sec, doit être taillé, et on doit couper près du tronc celles qui sont endommagées, en prenant soin de respecter les branches vigoureuses, car ces arbres abondent en suc laiteux, et il se ferait, par la blessure, un épanchement qui les affaiblirait.

Les cacaoyères sont sans cesse exposées aux attaques de terribles ennemis contre lesquels l'homme est souvent impuissant à les défendre. L'agouti, ou cerf sauvage, franchit les haies, se dresse sur ses pieds de derrière, mange les cabosses vertes et brise avec ses cornes les jeunes branches et les bourgeons. Les cochons sauvages, s'introduisant par la moindre brèche, fouillent la terre autour de l'arbre, brisent ses racines et souvent le renversent pour avoir ses fruits. Les singes accourent en maraudeurs organisés, et en quelques heures la récolte de l'année est faite par la bande malfaisante qui se joue des obstacles et se moque des pièges qu'on lui tend. Les perroquets et les écureuils apprécient également les arômes du cacao. Si l'homme peut combattre et éloigner ces ennemis par sa surveillance, il reste impuissant en présence des myriades d'insectes qui viennent détruire sa fortune et lui arracher le fruit de son travail. Les hannetons rongent les feuilles du cacaoyer, tandis que leurs larves attaquent ses racines; les criquets se nourrissent de ses bourgeons; et bourgeons, feuilles et fruits, rien n'échappe aux fourmis blanches et rouges : on a vu des plantations entières dévastées par elles en une seule nuit.

Le cacaoyer paye richement les soins et la protection qu'il exige; vingt nègres suffisent, en effet, pour entretenir cinquante mille pieds de cacaoyer qui rapportent, année commune, cent mille kilogrammes d'amandes. Et cependant les cacaoyères cultivées sont renfermées au Mexique dans un espace de quatre lieues. Cette culture est abandonnée presque partout où elle fut entreprise, et des cabosses, assez nombreuses pour nourrir l'humanité entière, pourrissent sur le sol des forêts du nouveau monde, sans que l'aventurier qui court aux mines poussé par de décevants espoirs, que le Yankee que travaille la fièvre des entreprises commerciales, que l'Indien qui croupit dans sa paresseuse indolence, cherchent à exploiter cette source lucrative plus abondante et plus sûre que celle de l'or, et dont le produit aiderait si puissamment à résoudre ce grand problème de la misère que l'homme semble toujours se poser sans jamais vouloir le vaincre.

Les cabosses mûres existent toute l'année sur l'arbre : on les reconnaît à la couleur jaune de leur enveloppe, qui ne conserve d'autre point vert que le bouton qui les termine. Dans certains pays on en fait la cueillette tous les quinze jours; dans d'autres, tous les mois; mais on reconnaît deux récoltes principales par an, s'annonçant par la chute d'un grand nombre de feuilles: celle de l'été, qui a lieu vers la fin de juin, et celle d'hiver, qui a lieu vers la fin de novembre ou en décembre; et, chose à remarquer, cette dernière est généralement la plus estimée, malgré la difficulté que présente à cette époque la dessiccation des fruits.

Ces époques sont, comme celles de nos vendanges, des occasions de grands travaux et de joyeuses fêtes. Aux premiers rayons du jour, tous les habitants de la plantation accourent aux cacaoyères, des nègres armés de petites gaules et de fourches abattent les cabosses mûres, d'autres suivent, ramassant tout ce qui tombe. Les négresses, les enfants et les nègres moins habiles, dépouillent le fruit de son écorce rugueuse et le jettent avec sa pulpe dans de grandes auges en bois où ils sont tenus pressés et serrés sous des feuilles de balisier par des nattes chargées de pierres. Cette opération dure quatre ou cinq jours, pendant lesquels on a soin de retourner les fruits tous les matins pour empêcher la fermentation de s'établir trop rapidement : on reconnaît qu'elle est réussie à la couleur rousse qui succède dans l'amande à la teinte bleuâtre qu'elle avait d'abord. Cela s'appelle faire *ressuer*. Les capsules sont alors ouvertes à l'aide d'un instrument tranchant, et les amandes séparées de leur pulpe au moyen de spatules en bois. La liqueur vineuse qui reste dans la cuve est agréable à boire, et l'on peut par la distillation en obtenir du rhum. La plus grande partie est abandonnée aux nègres.

L'amande perd dans cette préparation la faculté de développer son germe. Dans certaines provinces, au Caracas, qui fait partie du Vénézuéla et d'où sort le cacao le plus estimé, tant pour ses qualités naturelles qu'en raison des soins plus intelligents apportés à sa préparation, et à la Trinité, la plus méridionale des Antilles anglaises, les amandes, au sortir de la cosse et avant d'être séchées, sont *terrées*. Jetées dans une fosse et recouvertes d'une couche de sable fin, elles subissent encore une légère fermentation appelée le *terrage*, qui leur enlève une partie de leur âcreté et de leur amertume naturelles, et les rend plus légères. Elles contractent, il est vrai, assez souvent une odeur et une saveur désagréables de moisi, mais une petite torréfaction les fait disparaître. Comme ils se conservent mieux, le commerce préfère les cacaos terrés.

Le cacao, après avoir ainsi ressué, est étendu sur des aires en planches à sécher au soleil pendant deux ou trois jours, puis emmagasiné au grenier et mis dans des sacs ou des futailles pour être livré au commerce.

Lorsque les Espagnols débarquèrent au Mexique, les grains de cacao servaient de monnaie au peuple de Montézuma. Six grains représentaient environ cinq centimes au grand marché de Tlatebolco. M. de Humboldt trouva le même usage établi dans l'Amérique méridionale, où le manque de petite monnaie le fait servir en beaucoup d'endroits, comme les dattes parmi les tribus du Sahara, de monnaie de billon.

L'usage du cacao s'étend tous les jours avec la rapidité que lui méritent ses précieuses qualités ; son prix augmente en raison de la demande, et cependant la culture du cacaoyer, jadis si fort en honneur au Mexique, y est maintenant très-négligée ; à peine en trouve-t-on quelques pieds à Coluna et sur les rives du Guascualo ; dans la province de Tobosco elle est peu considérable, le Mexique tirant maintenant tout son cacao de Guatimala, Maracaïbo, Caracas et Guayaquil. Sa culture fut introduite à la Guadeloupe et aux Antilles en 1660 par un juif nommé Benjamin Dacosta; en 1755, il existait 46,000 tiges de cacaoyer à la Guadeloupe ; en 1770, ce nombre avait augmenté. Aujourd'hui il n'en existe presque plus, et cependant sa production et celle de la Martinique, où il fut trouvé indigène et d'où il fut transporté à Saint-Domingue, suffisaient autrefois à la consommation de la France.

A Sainte-Lucie, qui comptait deux millions cinq cent douze mille pieds en 1734 ; à la Grenade, dont les plantations furent faites par les Français en 1714, et à la Trinité, où il est spécialement exploité, la culture du cacaoyer est très-intelligente et très-soignée.

Dans les missions, le cacao est, après le coton, la branche de commerce qu'on exploite avec le plus de succès. A San-José, Tumapaza, Iziamas, les Indiens aiment mieux perdre le cacao que de le recueillir, pour ne pas le transporter à dos d'homme.

En 1734 on introduisit la culture du cacaoyer dans la Guyane française au moyen de graines prises dans une forêt qu'on découvrit sur le Yari. Aujourd'hui Cayenne a presque abandonné cette culture. Les singes seuls sont chargés de la récolte dans des forêts entières de cacaoyers.

Le Pérou en produit beaucoup qu'il envoie aux Indes, dans les îles de la mer du Sud et au Japon. Manille fournit surtout les marchés de l'Inde.

Les cacaos de Para et de Maragnan nous arrivent par le Brésil, qui en fournit à la France près de 24,000 sacs par année.

Quoique originaire de la zone torride, le cacaoyer peut s'acclimater dans des contrées moins chaudes, et sa culture paraît même suivre une gradation qui va en diminuant vers l'équateur.

Toutes les espèces de cacao ne possèdent pas à un même degré les qualités substantielles, toniques, fortifiantes, aromatiques qu'on recherche dans le chocolat; aussi le commerce distingue-t-il plusieurs espèces de cacao qu'il désigne ordinairement par le nom de leur provenance.

Le *caraque*, qui se récolte principalement sur la côte de Caracas et dans la province de Nicaragua au Mexique, est le plus estimé; il est plus parfumé et plus doux que les autres. L'amande de cette espèce ressemble par son volume et sa figure à nos grosses fèves; elle est plus forte et plus arrondie que celle des autres espèces. Sa pellicule, fort mince, est ordinairement parsemée de paillettes brillantes d'un blanc argentin; ce sont des parcelles de mica, dont le terrain de ce pays est rempli, et qui s'attachent à la peau de l'amande pendant l'opération du terrage. Sa pâte est d'une nuance plus rouge, et son arome à la fois plus suave et plus pénétrant que celui des autres provenances.

Le meilleur caraque vient de Puerto Cabello, port de l'État de Vénézuéla dans la province de Caracas.

Après le caraque, on place le *maragnan*, récolté à Belem ou à Para dans le Brésil. Il est plat, allongé, plus large à une extrémité qu'à l'autre; sa chair est plus brune que celle du caraque; sa pellicule grise rougeâtre, ou d'un brun mêlé de noir, est douce au toucher. Les graines qui n'ont pas atteint leur maturité complète ont la chair violette ou d'un vert foncé. Il est plus doux que celui de la Guyane, a moins d'arome, est riche en tanin.

Le cacao que fournit la Guyane française a la fève irrégulière, aplatie, d'un brun clair. Celui de la Martinique ressemble au précédent par la forme; sa couleur est d'un rouge-brun vif.

Le cacao qu'on désigne dans le commerce sous le nom de *cacao des îles* provient principalement des îles Maurice, Bourbon et Sainte-Marie. Ses grains ronds et irréguliers sont généralement petits, beaucoup plus déprimés que le caraque, ont une couleur brun foncé et la chair d'une nuance rouge violacée; ils sont plus amers, plus onctueux que le cacao de Caracas, et se rapprochent beaucoup des Maragnan, Guayaquil et Surinam.

En résumé, le commerce range le cacao en sept classes, qui portent le nom des contrées d'où elles viennent :

1re Soconusco, Caracas ;
2e Saint-Thomas, Cyneria ;
3e Guayaquil, Maracaïbo, Trinité ;
4e Maragnan, Para, Surinam ;
5e Demérari, Berbice, Sinnamari, Arawari, Macapa ;
6e Antilles, Cayenne, Baya ;
7e Bourbon.

Le cacao arriva en Europe vers le milieu du seizième siècle ; mais il n'entra réellement dans le commerce qu'au commencement du dix-huitième. Les Espagnols étant alors maîtres des pays qui le produisaientt, les Anglais et les Hollandais organisèrent la contrebande;

Amsterdam devint l'entrepôt des cacaos caraques; de 1706 à 1722, il n'en arrivait plus en Espagne.

En 1728, Philippe V vendit le monopole de ce commerce à des négociants de Biscaye qui formèrent la Compagnie des caraques, dont les vaisseaux avaient le droit d'alimenter Caracas, Cumana, Sainte-Marguerite, la Trinitad, et d'exporter à Vera-Cruz tous les cacaos qu'elle ne pouvait importer en Espagne.

En 1763, 110,500 quintaux entraient en Espagne; le prix de la fanega de 110 livres était descendu de 320 à 160 fr. (de 80 à 40 piastres). L'abbé Hervas prétend que l'Espagne en consomme annuellement 90,000 fanegas; cette évaluation serait aujourd'hui bien en deçà de la vérité.

Après l'Espagne, la France est le pays de l'Europe qui consomme le plus de cacao. Avant 1789, la production de ses colonies lui suffisait, sa consommation n'allait pas au delà de 300,000 livres. Le blocus et les guerres du premier empire l'anéantirent presque; elle se releva sous la restauration, et se porta, en 1830, à 3,843,449 kilogrammes, pour se réduire à 475,378 en 1832. La moyenne des cinq dernières années qui viennent de s'écouler est de 4,200,185 kilogrammes, sur lesquels près de la moitié nous provient du Brésil et un quart de Vénézuéla.

Les premiers droits mis sur le cacao ont été en France de 75 centimes le kilogramme; réduits un instant à 10 centimes, ils ont été ensuite portés à 40 francs les 100 kilogrammes pour les cacaos provenant des possessions françaises, à 50 francs pour ceux venant de l'ouest du cap Horn, et à 55 francs pour ceux des autres pays. Les cacaos arrivant par navires étrangers et par terre payent un droit de 105 francs.

L'Italie marche après la France dans le chiffre des importations du cacao. L'Angleterre est la nation européenne qui en consomme le moins à cause des droits énormes qui pesaient sur lui. Ces droits ne s'élevaient pas à moins de 100 pour 100 pour les qualités supérieures, et de 250 pour 100 pour les inférieures. Aussi, le chocolat, qui tend de plus en plus à devenir chez nous un aliment populaire, n'est guère dégusté en Angleterre que par les classes privilégiées, qui tirent de la France presque tout celui qu'elles consomment.

M. de Humboldt évaluait, en 1818, à 23 millions de livres le cacao consommé en Europe. *Vera-Cruz* fournissait presque la moitié de cette quantité. En n'évaluant la fanega de 110 livres qu'à 40 piastres, on peut apprécier le mouvement de capitaux que ce commerce amenait dans ce port. On peut, sans exagération, évaluer au double la consommation actuelle; mais Vera-Cruz ne nous en adresse plus qu'une faible quantité.

Et cependant le manque de bras, l'inertie des naturels, la crainte qu'ont les colons d'affronter les émanations fiévreuses et les nuées de maringouins qui s'élèvent des terrains humides que préfèrent les cacaoyers, et, peut-être avant tout, cet espoir décevant de faire fortune en un jour par un coup de commerce ou la découverte d'un placer, font de plus en plus abandonner la culture de cet arbre précieux, source de fortune et de bien-être pour la population industrieuse et agricole qui un jour demandera au sol vierge du nouveau monde des richesses plus sûres et plus inépuisables que celles que recèlent les mines de la Californie ou les fissures inexplorées des Cordillères.

Pour devenir propre à la nutrition humaine, le cacao doit subir d'autres préparations que nous décrirons en traitant de la composition des chocolats. Les matières butyreuses, qu'il contient en si grande quantité, rendraient sa digestion difficile, si des aromates ne venaient combattre cette lourdeur et donner à l'estomac une activité salutaire. La vanille et la cannelle sont les deux parfums auxquels il allie le plus souvent et le mieux ses aromes.

La vanille croît dans les mêmes contrées que le cacao ; elle est cultivée au Mexique et au Pérou, et surtout fort intelligemment depuis quelques années par nos colons des îles de la Réunion. Son nom, dérivé de l'espagnol *vanailla*, petite gaîne, lui a été donné à cause de sa ressemblance avec le manche d'un couteau. C'est le fruit de l'*Epidendrum vanilla*, magnifique liane sarmenteuse et grimpante dont les tiges innombrables s'attachent et se suspendent par des vrilles aux arbres qu'elles rencontrent. Classée par les botanistes dans le genre des monocotylédones (Linné : Gynandrie, Diandrie), elle fait partie de la famille des Orchidées de Jussieu.

L'*Epidendrum vanilla* est répandu dans une grande partie de l'Amérique. On le trouve à l'état sauvage dans les forêts vierges des régions tropicales, où il choisit de préférence les campagnes humides, le bord des fontaines et des ruisseaux. Ses racines plongent parfois dans le sol, mais, en vrai parasite, il tire surtout sa nourriture des arbres auxquels il s'attache. Pour le multiplier, il suffit de couper et de planter deux boutures d'Épidendrum au pied d'un arbre, ou de fixer des parties coupées de la tige au tronc d'un Liquidambar, d'un Acotea ou d'un Piper arborescent.

Humboldt a recueilli des gousses de vanille très-aromatiques et très-grosses, dans les montagnes de Caripe, à la côte de Paria, dans la vallée de Bordones, près de Carthagène, dans les Indes, dans la province de Jaen, sur les bords de la rivière des Amazones, dans la Guyane. Cuba, la Havane, Saint-Domingue et la Martinique produisent de la vanille ; elle abonde sur la pente orientale de la Cordillère d'Anahuac entre le 19ᵉ et le 2ᵉ degré de latitude ; mais l'inertie des indigènes a borné sa culture à quelques lieues carrées.

Toute celle que consomme l'Europe venait naguère du Mexique par Vera-Cruz; elle se cultive, se récolte et se prépare dans les villages indiens de Misantla, Colipa, Yacuatla, Nautla, Papantla et San Andres Tuxtla; depuis deux ans la France en tire une grande quantité de Bourbon.

La *Baynilla Cimarona* ou sauvage, qui croît au Mexique dans un terrain couvert, ne donne que des fruits très-secs et en très-petite quantité. Les indigènes avaient, pour la récolter, à parcourir des espaces immenses; ils cherchèrent et parvinrent à la multiplier autour de leurs demeures, diminuant ainsi leurs fatigues et augmentant leur récolte.

Les boutures, de trois à cinq centimètres de longueur, sont attachées avec des lianes aux arbres sur lesquels elles doivent grimper, donnent du fruit la troisième année et fournissent pendant trente ou quarante ans jusqu'à cinquante gousses par pied. Cette manière de cultiver la vanille inspira à M. Zea l'idée séduisante de proposer au gouvernement espagnol de couvrir les rivages fleuris de la Magdeleine par de grandes plantations de vanille, de baumiers, de cacaoyers, de caoutchouc, d'encens, etc.; mais pour remplacer ainsi les forêts de la nature par celles de l'art, il fallait des efforts et une activité qui résident peu dans le gouvernement auquel s'adressait M. Zea. Son vaste projet fut traité de chimère, et, s'il est exécuté un jour, ce ne sera pas par la race ibérique.

La floraison de l'*Epidendrum vanilla* n'a lieu qu'une fois par an : en février ou en mars, ses longues tiges se couvrent de magnifiques grappes de fleurs violettes répandant un parfum légèrement vanillé, auxquelles succèdent des gousses ou siliques qui atteignent une longueur de 135 à 230 millimètres, et ne se développent que successivement. Elles sont d'un brun noirâtre, ridées longitudinalement, rétrécies aux deux extrémités, recourbées à la base, contenant une pulpe roussâtre pleine de petits grains noirs et d'un aspect luisant. La saveur en est âcre, mais son odeur se rapproche de celle des baumes et elle devient agréable et suave lorsque les fruits ont été séchés et cueillis avant leur maturité.

Le vanillier du Jardin des Plantes donna des fruits pour la première fois en 1837. M. Moreau, de Liége, ayant fécondé les fleurs artificiellement, a obtenu de belles capsules parfumées.

La récolte commence en mars et en avril, lorsqu'un ban du subdélégué de Misantla a annoncé que la récolte est permise, et elle se prolonge jusqu'à la fin de juin. Nul insecte n'attaque les siliques, à cause du suc laiteux qu'elles contiennent et auquel elles doivent une grande partie de leur arome. Les naturels passent huit jours dans les forêts et reviennent pour vendre les siliques, encore jaunes et fraîches, à la *gente de Razon*, composée de blancs, de métis et de mulâtres, qui ont l'art de procéder à leur dessiccation et de leur faire subir une préparation qui donne ce beau lustre argenté que recherche le commerce.

Papautla surtout excelle dans l'art de bien préparer la vanille. On fend les siliques tout au long avec un couteau, et on les étend sur des toiles exposées aux rayons du soleil; ensuite, lorsqu'elles sont suffisamment chauffées, on les enveloppe dans des draps de laine pour en exprimer l'humidité. En suant, les gousses noircissent, et on les place de nouveau au soleil jusqu'à ce qu'elles soient entièrement séchées. Dans les temps de pluie, on étend les fruits sur des cadres formés par de petits tuyaux de roseau suspendus par des cordes et couverts d'une étoffe de laine. On place ensuite le feu au-dessous, à une distance convenable, et on parvient de cette manière à les sécher sans trop altérer leurs propriétés physiques. Mais les pertes sont très-grandes et les gousses bien moins riches en arome quand on est obligé d'avoir recours à ces moyens artificiels. Les gousses sont ensuite ficelées en paquets, et disposées dans des boîtes placées dans un lieu sec; elles se couvrent ou se givrent bientôt de cristaux aiguillés et brillants, formés de l'acide benzoïque contenu naturellement dans le fruit.

La récolte et la préparation de la vanille exigent des soins qui influent, aussi bien que le soleil et la nature du sol sur lequel croît la plante, sur les qualités de parfum et la font classer dans le commerce sous différentes dénominations.

Récoltée avant sa maturité, la vanille reste molle, se couvre de moisissure à sa partie inférieure, contracte une odeur fermentée et ne se givre pas. Oubliée sur la plante, elle s'ouvre longitudinalement et perd, avec son suc et ses semences, une partie de son parfum; puis se dessèche et prend une couleur rougeâtre. Sous l'action d'une sécheresse extrême son fruit reste court et sec. Dans des lieux trop humides, la gousse prend un grand développement, devient aqueuse et perd en qualité ce qu'elle gagne en volume. Il en est ainsi de celle qui se récolte à Misantla; elle est difficile à sécher, et on trouve en la déballant près de 12 pour 100 de déchet, tandis que celle de Papautla, récoltée dans les savanes, ne donne guère que 6 pour 100 de perte.

La vanille de Teutilla, village situé dans l'intendance d'Oaxaca, qui la première a été introduite en Espagne au seizième siècle, est célèbre par sa qualité. On la sèche avec soin en la piquant avec des épingles et en la suspendant à des fils de pitte. Elle pèse un neuvième de moins que celle de Misantla.

Une colonie d'émigrants français, presque tous originaires du Doubs et horlogers, s'est fixée à Jitaltepecq, et tend, depuis quelques années, à s'emparer du commerce de la vanille, qui lui procure des bénéfices considérables. Les gousses qu'ils apportent sont les plus belles qui nous proviennent de l'Amérique, où, sans nul doute, leur activité supplantera bientôt les habilitadores.

La dernière exposition de l'industrie nous fit connaître et apprécier les vanilles de Bourbon. Les colons y ont rapidement développé cette culture, et les magnifiques gousses qu'ils expédient depuis quelques années en France peuvent lutter par leur beauté et la richesse de leur parfum avec les vanilles les plus vantées. Pour en encourager la culture et l'importation, le gouvernement a dégrevé de tous droits les vanilles de cette provenance.

La vanille récoltée se divise en quatre classes qu'on reconnaît à la façon dont elle est ficelée : 1° la *Baynilla fina*, qui se distingue en *grande fina*, qui a 22 centimètres de longueur, réunie en *mazos* ou paquets de cinquante gousses : elle pèse dix onces et demie à Misantla, de neuf à dix à Colipa; et *Chica fina* ou *Mancuerna*, de 5 centimètres plus courte et qu'on achète à moitié prix de la première.

2° et 3° La *zacate* et la *zezacate*, très-longue, très-mince et très-aqueuse; ne valant guère qu'un dixième du prix de la longua fina.

4° La *bazura* dont un paquet de cent grammes ne sert qu'à remplir le fond des caisses.

Une autre variété, la *Baynilla pompona*, a le fruit très-grand, très-beau, fort parfumé; mais son odeur, différente de la vanille ordinaire, la fait rejeter par le commerce européen.

La plus mauvaise qualité de la vanille de Misantla se nomme *Baynilla cimarona* ou *Baynilla palo*; elle est très-mince et dépourvue de suc.

Le commerce ne distingue à proprement dire que deux sortes de vanilles; les plates et les rondes, qu'il subdivise en longues, en moyennes et en courtes.

La vanille longue plate est la plus estimée; elle doit avoir de 215 à 230 millimètres de longueur sur 6 à 7 de largeur, doit être onctueuse, souple sans être molle, d'un brun noirâtre, brillant et givré par l'acide benzoïque.

La moyenne, avec les mêmes caractères que la précédente, ne compte que 185 à 200 millimètres de longueur. La vanille courte n'a pas plus de 115 à 135 millimètres; elle est rarement givrée. Il y a plus d'un quart de différence de qualité d'un parfum à l'autre.

Les vanilles rondes, moins souples et moins onctueuses que les plates, se dessèchent plus facilement et passent à un état semi-ligneux connu dans le commerce sous le nom de boisé.

Une dernière espèce est reçue dans le commerce sous le nom de vanillon; on en distingue deux sortes : le *vanillon sec* et le *vanillon gras* ou *vanillon sauré.*

Le vanillon sec est une silique de 110 à 140 millimètres de longueur, de 12 à 15 millimètres de largeur, presque arrondie, sèche, d'un brun rougeâtre et d'une odeur douce.

Le vanillon gras est en gousses plates, de 140 à 195 millimètres de longueur sur 19 à 21 de largeur, noirâtres, presque toujours fendues, visqueuses et enveloppées d'un liquide épais, noirâtre et sucré. Son odeur un peu fermentée est plus aromatique que celle du précédent, mais moins agréable.

Outre les altérations qui surviennent à la vanille par une mauvaise préparation, elle est sujette à se détériorer dans les boîtes, et une seule gousse tachetée suffit pour gâter toutes les autres. On cherche à déguiser ses défauts en lui faisant subir différentes préparations; on l'enduit de teinture de Tolu ou de baume du Pérou, ou on la trempe dans la mélasse; ce dernier traitement la laisse toujours poisseuse, adhérente aux doigts et lui donne une saveur sucrée. Une grande quantité de vanilles vendues par le commerce du détail ont déjà abandonné la plus grande et la meilleure partie de leur parfum par la macération. Pour leur rendre leur apparence primitive, les fraudeurs les font tremper dans l'huile d'olive et les mettent ensuite dans la cassonade blanche et grasse pour les faire givrer, d'autres les givrent avec de l'extrait de saturne, acétate de plomb, ce qui les rend plus lourdes et dangereuses.

La sophistication, qui semble toujours marcher en avant du progrès pour dérouter les investigations de la science, a trouvé d'autres manières encore plus ingénieuses de rendre leur aspect naturel aux gousses qui ont perdu ou abandonné toutes leurs vertus et de leur faire retrouver leur parfum, en les traitant avec un produit chimique extrait de la houille.

Il est souvent difficile aux plus expérimentés de se mettre à l'abri de ces odieuses tromperies, cependant l'inspection de la *crosse* peut faire reconnaître ces soins et ces mixtures artificielles et dangereuses. Lorsqu'on cueille les gousses, on coupe avec elles le pédicule parfumé qui les soutient, et qui se recourbe en crosse. Une vanille est-elle malade, c'est la crosse qui est atteinte et périt la première ; si elle a été travaillée, la crosse, étant plus ligneuse que les autres parties, devient cassante. Toute vanille dont la crosse est plus noire ou plus blonde que le corps de la gousse est suspecte ; toute vanille qui l'a perdue doit être rejetée.

En Amérique le commerce de la vanille est entre les mains d'un petit nombre d'individus qu'on nomme *habilitadores*, parce qu'ils avancent, aux Indiens qui font la récolte, de l'argent ou plutôt du cacao, de l'eau-de-vie et surtout des toiles de coton fabriquées à Puebla, et cela à très-haut prix. On ne doit accepter qu'avec méfiance la vanille qu'ils livrent, et après en avoir vérifié avec soin chaque paquet en particulier. La France a reçu en moyenne dans ces cinq dernières années onze mille kilogrammes de vanille par an, et sa consommation en moyenne a été de cinq mille kilogrammes. L'autre partie est réexpédiée principalement en Allemagne, en Prusse et en Sardaigne. Le Mexique fournissait à lui seul près des neuf dixièmes de cette quantité; mais si Bourbon continue la culture de cette plante avec l'activité et l'intelligence qu'elle a déployées ces dernières années, une grande partie des capitaux que ce commerce amenait à la *Vera-Cruz* iront à nos colons.

Le taux d'évaluation de la douane est de 250 fr. le kilogramme; elle perçoit 2 fr. 50 par kilogramme sur les vanilles venant des pays situés à l'ouest du cap Horn, par navires français, et 3 fr. 50 par navires étrangers; 5 fr. par navires français, et 5 fr. 50 par navires étrangers sur toutes les vanilles de toute autre provenance; celles de Bourbon entrent franches de tout droit.

Après la vanille, la cannelle est un des parfums le plus généralement employés dans la fabrication du chocolat. Elle est fournie par l'écorce d'un arbre de la famille des laurinées, le *Laurus cinnamomum*, qui abonde surtout sur les côtes méridionales de l'île de Ceylan et est répandu dans les Philippines, à Java, Sumatra, Malabar, et en Chine. Les îles de la Réunion et Maurice cultivent le cannellier, qu'on a aussi transporté à Saint-Domingue, à Cayenne et dans quelques autres contrées de l'Amérique. La culture et le dépouillement du cannellier sont réservés à Ceylan aux chalias, qui forment la dernière des castes. Tout autre homme croirait déroger à sa dignité ainsi qu'à celle de sa tribu s'il se livrait à une occupation semblable. Il est vrai que, l'écorce récoltée, le préjugé disparaît avec la valeur qu'elle acquiert; et les plus nobles de l'île, ne craignant plus la souillure, remplissent leurs coffres du produit de son commerce.

Dans le commerce on reconnaît deux espèces principales de cannelle : celle de Ceylan et la cannelle de Chine. Les cannelles de Chine devant être entièrement rejetées de la fabrication du chocolat à cause de leur mauvaise odeur et du goût de punaise qu'elle exhale, nous ne nous en occuperons pas.

La cannelle de Ceylan, qu'on nomme dans le commerce de première lettre ou de première récolte, est appelée dans le pays Basse coronde. A cause de son goût doux, piquant et aromatique, elle doit être préférée à toutes les autres. Sa substance est fibreuse et cassante, son odeur pénétrante et agréable, sa surface extérieure d'un jaune rougeâtre; elle est roulée en petits tuyaux d'une longueur plus ou moins considérable et très-minces.

Il faut repousser celles qui sont dures, épaisses et foncées en couleur, qui brûlent la langue en lui imprimant un goût de girofle et laissent dans la bouche de l'amertume et de la viscosité. Plusieurs espèces contiennent une grande quantité de camphre; il faut les rejeter avec soin : elles donneraient au chocolat un goût désagréable.

Souvent on mêle à la cannelle d'autres aromates qui font ressortir son parfum; les fleurs de muscade, la bourgolaine ou noix de Galongo (*reverensera*), les fleurs et noix de muscade et le girofle entrent ordinairement dans ces mélanges; mais il faut être prudent dans l'emploi de ces aromates, trop échauffants pour notre climat.

CHAPITRE III

Fabrication du chocolat.

Le cacao, nous l'avons dit, est l'élément principal et pour ainsi dire unique du chocolat; c'est lui qui donne à cet aliment les qualités toniques, aromatiques, puissamment nutritives qui lui préparent un si grand rôle dans l'alimentation publique. Le sucre n'intervient que pour corriger les principes âcres et trop amers que contient l'amande du cacaoyer. La vanille et la cannelle n'unissent leurs parfums à ses aromes que comme condiment propre à flatter le goût, à stimuler l'appétit et à réveiller l'activité digestive des estomacs trop paresseux. Les traitements auxquels on soumet le cacao, le sucre et la vanille pour les fondre en une pâte homogène, lisse et compacte, forment l'ensemble des procédés de fabrication. De leur perfection, des soins minutieux qu'on y apporte, dépendent peut-être plus les qualités du chocolat que du choix du cacao lui-même.

Le chocolat mexicain est une preuve frappante de ce que nous avançons; il ne doit la perfection qui lui valut la médaille de 1re classe, la première fois qu'il parut à l'exposition universelle, — exemple peut-être unique pour cette classe de produits, — qu'au traitement spécial qu'il subit dans un appareil breveté qui fonctionne seulement dans notre usine et dont nous avons acquis la propriété exclusive au prix des plus grands sacrifices.

Cette importance accordée aux procédés de fabrication ne doit diminuer en rien l'attention que mérite le choix des cacaos; l'étude des qualités spéciales de chaque espèce, leur comparaison et le résultat obtenu par leurs différents mélanges, doit être la première préoccupation d'un chocolatier intelligent. On doit éliminer avec soin tous les cacaos avariés par une cause quelconque, et n'avoir qu'une très-médiocre confiance dans les mouillages, les séchages, les ressuyages, les terrages, en un mot dans tous les différents procédés indiqués pour leur enlever le mauvais goût qu'ils peuvent avoir pris dans le voyage ou dans des magasins humides.

L'emploi de ces cacaos, malheureusement trop répandu et qui explique le bas prix auquel certains fabricants livrent des chocolats sans mélange, est à nos yeux une des sophistications les plus désastreuses; non-seulement elle discrédite notre industrie en livrant à la consommation des chocolats d'un goût détestable, mais encore elle compromet parfois gravement la santé publique. Les cacaos avariés par l'eau de mer acquièrent même,—l'expérience le démontre,— des qualités malfaisantes, et lorsque les sacs ont été placés et mouillés au milieu d'autres marchandises, le cacao s'imprègne des principes enlevés aux substances voisines et en retient le goût avec une facilité très-grande. C'est ainsi que des cas d'empoisonnement ont eu lieu par des chocolats qu'on pourrait appeler à la nicotiane; le cacao avait voyagé au milieu de caisses de tabac et s'était emparé, comme le constate M. le professeur Chevallier, des principes toxiques de la nicotine qui donne au havane presque tout son parfum. Tout sac avarié ou mouillé doit être rejeté de la fabrication alimentaire; il trouvera ailleurs un emploi utile; la parfumerie, par exemple, le fera entrer dans ses savons et ses cosmétiques les plus fins et les plus parfumés.

Quoique tous les cacaos contiennent les mêmes bases, chaque provenance se distingue par des qualités essentielles qui se complètent heureusement les unes par les autres lorsqu'un goût exercé sait les marier ensemble dans la composition des chocolats. Les uns, très-riches en principes aromatiques, sont moins nutritifs que d'autres plus gras, plus abondants en matière butyreuse, tandis que quelques espèces doivent au tanin qu'elles contiennent des vertus toniques, astringentes, fort précieuses pour la santé. Il convient donc de faire de ces différentes espèces un mélange éclairé, suivant les qualités spéciales qu'on voudra donner au chocolat. Dans notre fabrication ordinaire, le maragnan, si riche en principes nutritifs, est pris pour base ; le caraque y entre pour son parfum, une petite quantité de cayenne y ajoute ses vertus toniques. Trois gros de cacao de maragnan première sorte, un gros de cacao caraque, un demi-gros de cayenne et une demi-once de sucre suffisent à former une tasse d'excellent chocolat de santé. En deçà ou au delà de ces proportions que nous donnons comme moyenne d'une bonne fabrication, se classent les chocolats de qualité inférieure, ou ceux que leur finesse et leur prix a fait désigner sous la dénomination de chocolats de luxe.

En fixant cette moyenne, nous n'avons la prétention que de donner celle de notre maison ; mais nous la donnons avec une entière bonne foi. Nous ne voulons nullement combattre les assertions exagérées de ceux qui, se servant de la réputation qu'ont les cacaos caraques dans le public, affirment que toute autre espèce est exclue avec soin de leur usine, sans songer combien il serait préjudiciable pour eux et pour le consommateur qu'il en fût ainsi, et combien il est facile de prouver que dans l'excellent chocolat qu'ils nomment pur caraque, la côte de Caracas n'a mis, avec raison, que le nombre de grains nécessaire pour ajouter ses aromes aux qualités substantielles de cacaos d'autres provenances.

Comme le café, le cacao a besoin que la torréfaction vienne détruire une partie des principes âcres qu'il contient, développer ses huiles essentielles, ses qualités aromatiques.

Cette opération est pour nous le point capital de la fabrication : de sa réussite dépendent les qualités du chocolat. Elle ne doit être confiée qu'à des personnes dont l'œil, l'odorat, le tact et le goût soient assez exercés pour pouvoir juger à chaque instant du degré de dessiccation et arrêter la cuisson à la minute juste où la torréfaction est parfaite. C'est une des parties du métier qui exigent le plus d'expérience, d'attention, d'intelligence, pour être menées à bonne fin. On a eu tort de croire qu'elle pouvait être abandonnée à la machine, et un plus grand tort d'affirmer qu'une précision mathématique dans la durée de l'opération, dans la quantité de calorique et le nombre de tours du cylindre, donnait de bons résultats. Mettez successivement dix sacs de cacao de la même provenance dans un brûloir, abandonnez les aux soins automatiques de la mécanique qui vous les rendra à minute fixe :

sur dix sacs, un seul peut-être sera convenablement cuit, les autres le seront trop ou pas assez. Que sera-ce si les cacaos sont de provenances différentes? Si on traite du caraque avec du maracaïbo, par exemple, le premier sera déjà brûlé que l'autre conservera encore toute sa verdeur. Nul fabricant ne commettra de pareilles bévues, ne s'exposera à de pareilles pertes. Ceux surtout qui vantent le plus la précision de leurs brûloirs mécaniques sont trop habiles pour s'en servir autre part que dans leurs dires. Pour nous, nous ne confions le soin de cette importante opération qu'à nos ouvriers les plus habiles et les plus expérimentés, et nos bons brûleurs sont aussi précieux pour notre fabrique que nos meilleures machines.

On prend donc chaque sac de cacao, on l'en extrait, et on se sert d'un crible et du van pour le débarrasser de la poussière et des débris de cosses. Les grains défectueux, les branchages, les pierres, tous les corps étrangers sont enlevés à la main; lorsqu'il est trié pour ainsi dire grain à grain, on le met dans l'appareil qui doit servir à la première opération que nécessite la torréfaction.

Le cylindre creux en tôle, — tourné sur un feu clair sans être trop ardent, — et percé de trous qui permettent à l'air chaud de circuler librement et d'enlever aux grains toute leur humidité, est l'appareil le plus et presque le seul employé. Quelques rares espèces de cacao, fortes, âcres et amères, sont seules torréfiées au four; mais l'opération est constamment surveillée, et elle se termine aussitôt qu'en les goûtant celui qui la dirige a reconnu que la cuisson est à point.

Quelques-uns, comme les Espagnols, brûlent fort peu leur cacao, préférant trouver dans le chocolat des qualités substantielles, au risque même de le rendre un peu lourd; d'autres, comme les Italiens, recherchant ses qualités aromatiques, sacrifient une partie de son beurre pour développer ses parfums, au risque de le rendre un peu irritant. En France, nous nous maintenons entre ces deux extrêmes, et chaque fabricant se guide, pour trouver un degré convenable, sur les qualités spéciales des espèces qu'il emploie.

Au sortir du brûloir, le cacao est étendu sur des claies d'osier pour laisser évaporer qui reste d'humidité, et on le remue de temps en temps jusqu'à ce qu'il soit refroidi. Le cacao a pris alors une couleur brune et est devenu très-friable; on le jette dans un concasseur-ventilateur qui, brisant le grain sans l'écraser, le débarrasse de sa coque et le sépare du germe, dont la substance dure et insoluble ne doit pas entrer dans le chocolat. On enlève, par un triage à la main, les coques lourdes et les germes qui ont résisté au ventilateur.

La torréfaction du cacao exige deux opérations

distinctes ; nous avons décrit la première, qui n'est à vrai dire qu'une dessiccation ; reste la plus délicate, la torréfaction propre. Elle est faite dans une poêle, à l'air libre et par petites portions, en ayant soin de faire passer préalablement le cacao par plusieurs cribles de différentes grosseurs, car si l'on torréfiait ensemble les gros et les petits grains, ceux-ci seraient brûlés avant que la chaleur ait pu agir sur les autres.

Il reste maintenant à broyer le cacao, à le réduire en pâte liquide, à y ajouter le sucre et la vanille et à continuer la trituration jusqu'à ce qu'au toucher la pâte soit fine et déliée. C'est ici que l'action de la machine se montre salutaire, efficace, puissante, que le progrès s'est fait.

Le Mexicain écrasait le cacao entre deux pierres et mêlait du maïs et des aromates à cette poudre pour en former sa bouillie. L'Espagnol agit encore presque de cette manière primitive : un mortier pour le concasser et un rouleau pour le réduire en pâte lui suffisent. Il est vrai que par un travail patient et une habileté de main remarquable, il parvient à donner à son chocolat des qualités que doivent lui envier beaucoup de nos fabricants.

Le mortier et le rouleau suffisaient seuls aussi chez le chocolatier si longtemps célébré de la Croix-de-Trahoir, et se voyaient naguère derrière les vitrines de tous nos épiciers.

Mais le rouleau n'opère que lentement ; pour arriver à une trituration parfaite, il fallait dépenser en main-d'œuvre plus qu'en matière première, et la force d'un homme n'est jamais assez grande pour réduire le cacao en une pâte assez déliée et assez fine pour que toute granulation disparaisse. On songea à appliquer à la trituration du chocolat le moulin dont on se servait pour broyer les graines oléagineuses, et qui, perfectionné, forme ce qu'on appelle aujourd'hui LA MÉLANGEUSE, et la vapeur offrant son puissant secours, le chocolatier eut bientôt à son service de rapides et puissants auxiliaires.

La torréfaction a rendu le cacao friable ; il est alors porté dans LA MÉLANGEUSE ; cette machine consiste en un plateau creux et horizontal en porphyre, sur lequel tournent sur elles-mêmes plusieurs meules de granit. La plate-forme de la machine est conservée à une température de 50 à 60 degrés suffisante pour fondre les parties butyreuses du cacao, qui se trouve bientôt réduit en pâte presque liquide. On mêle alors au cacao une portion à peu près égale de sucre raffiné, et, pour les chocolats fins, la quantité de vanille qu'on veut y mettre.

La vanille est très-dure et très-difficile à pulvériser, ce qui a fait souvent conseiller de remplacer dans la préparation du chocolat les gousses naturelles par l'essence de vanille qui en est extraite, et qui se répand instantanément et sans difficulté dans la masse entière du chocolat. Mais, quelque facilité qu'apporte ce procédé dans la fabrication, nous n'aimons pas à nous en servir. Le parfum de la vanille, extrait en essence, dure peu, s'altère très-facilement et surtout est d'une imitation trop facile pour qu'on ne doive pas craindre d'être trompé. Depuis que l'Angleterre a le monopole de fournir au monde entier des parfums extraits de ses mines de houille, on doit se méfier de toutes les essences et de celle de vanille en particulier, qui, la première, fut exploitée et prônée. Les gousses sont faciles à connaître et à apprécier, l'essence ne l'est pas. Les broyeuses finissent par avoir raison de sa ténacité, et ses molécules, uniformément réparties dans la masse entière de la pâte, lui communiquent un parfum dont la suavité va toujours en augmentant. Son action tonique, stimulante, a été parfaitement appréciée par la médecine, qui n'accorde qu'une médiocre confiance aux essences de provenance anglaise. Qu'on continue donc, de l'autre côté du détroit, à mettre un bloc de houille dans un alambic et à en extraire de l'eau de menthe, des essences de violettes et de roses, voire même du pain et du vin : le progrès et la science ne peuvent qu'y gagner. Pour nous, contentons-nous de ce que Dieu nous donne et que le soleil mûrit, de nos vins de France et de nos vanilles de Bourbon.

De la mélangeuse, le chocolat passe aux broyeurs, composés de trois cylindres roulant les uns contre les autres et tournant sur eux-mêmes dans un plateau creux horizontal. Ces broyeurs soumettent la pâte à une énergique pression, la rendent compacte et homogène et lui donnent cette finesse et cette parfaite uniformité de grain auxquelles on reconnaît en partie un chocolat bien fabriqué.

Le broyage a deux buts distincts : de réduire le cacao en une poudre impalpable, — il le rend ainsi facilement digestif en opérant sur lui, à un degré bien supérieur, la préparation que les dents font subir par la mastication au bol alimentaire, — et de rendre son mélange avec le sucre et la vanille plus intime, sa pâte et son grain plus fin. Un fait capital, — qui explique pourquoi les chocolats fins sont plus nutritifs et plus aromatisés que les autres préparés avec des cacaos de même provenance mais avec moins de soins, — se passe pendant cette opération. La plus grande quantité des parties inassimilables de l'amande semblent se convertir en beurre, et les principes aromatiques que la torréfaction avait laissés cachés, se développent avec plus de puissance.

C'est l'observation de ce phénomène et l'étude de la marche qu'il suivait qui donnèrent à MM Borel et Kœhler l'idée d'inventer une machine spécialement destinée à aider ce développement, machine dont nous avons acquis le brevet, et qui fonctionne dans notre seule fabrique, où elle triture le chocolat mexicain. C'est dans cet appareil que passent nos chocolats, après avoir subi l'action de tous les broyeurs ordinaires, et ils en sortent tels qu'en les goûtant les chocolatiers les plus émérites, les savants les plus experts, doutent de la sincérité de nos dires et pensent que des qualités supérieures, des beurres de cacao même y ont été ajoutés pour les rendre si doux, si fondants, si parfumés.

La perfection de nos appareils nous permet d'éviter un des accidents trop ordinaires de la préparation du chocolat. Souvent, pour développer suffisamment la partie butyreuse, on est obligé de forcer le chauffage des appareils, ce qui détermine une carbonisation partielle, rancit le beurre et produit les mêmes effets qu'une torréfaction trop grande.

Un dernier pétrissage reste à donner à la pâte; elle passe dans la REMÊLEUSE. C'est un récipient ayant la forme d'une pyramide renversée, au fond duquel tourne une vis sans fin, qui pétrit d'abord la pâte, puis la repousse dans un tuyau cylindrique horizontal à l'extrémité duquel elle sort en forme de boudin. Il ne reste plus à faire que les opérations de pesage et de moulage.

Le boudin est coupé, au fur et à mesure de sa sortie, en longueurs égales, qu'on augmente ou diminue sur la balance jusqu'à ce qu'elles aient le poids exact de deux cent cinquante grammes. Un ouvrier les place alors dans les moules posés sur la claquette et étale la pâte avec une spatule. La claquette est une table ronde à laquelle une roue à cames imprime un mouvement saccadé très-rapide, qui fait bientôt étaler la pâte molle dans les moindres cavités du moule.

Les moules descendent ensuite dans de vastes caves, nommées refroidisseurs, où la pâte se solidifie et se contracte, ce qui permet l'extraction des tablettes de leurs moules.

Le chocolat est très-hygrométrique et sa saveur est un appât pour un grand nombre d'insectes. Pour le conserver frais, tout en le mettant à l'abri de l'humidité et des vers, on enveloppe chaque tablette dans une feuille d'étain et on le recouvre d'une feuille de papier portant le nom et la marque de fabrique. C'est là une opération importante et délicate qui occupe à Paris un grand nombre d'habiles ouvrières.

Les chocolats qui contiennent des substances étrangères auxquelles le cacao sert de véhicule demandent parfois dans leur fabrication des précautions particulières ; mais pour ceux-ci, comme pour les chocolats ordinaires, le but principal du fabricant est d'obtenir un mélange assez intime entre le cacao et les substances qui lui sont adjointes pour que la pâte soit d'une finesse et d'une homogénéité parfaites. Le soin et le savoir qu'apportent les ouvriers à leur préparation, la perfection des machines, ne suffiraient pas toujours pour obtenir cette finesse et cette homogénéité dans la pâte; il faut pour certaines substances que l'addition de corps gras vienne aider le mélange. On doit alors se restreindre à n'employer que du beurre de cacao. Le prix de revient sera sans doute bien plus fort, mais cette augmentation sera plus que compensée par la qualité du chocolat.

Pour compléter l'étude de la fabrication des chocolats, il nous resterait à décrire les procédés employés pour la confection des bonbons, et le rôle qu'y joue le beurre de cacao. Mais ceux-ci éclosent dans l'imagination du chocolatier nombreux comme les inspirations de la fantaisie et les caprices de la mode. Pour les pétrir il prend la pâte de chocolat la plus fine, la plus aromatisée et l'unit aux substances, aux fruits et aux parfums qui plaisent aux goûts les plus délicats, les plus divers. Puis tous ces bonbons divers de forme, de couleur et de goût, se rangent artistement dans des coffrets ou des boîtes, chefs-d'œuvre du bon goût parisien, réunissant ainsi toutes les délicatesses du luxe qui séduisent le mieux les sens et plaisent à l'imagination.

Qu'il fournisse sa pâte naturelle ou que simplement il leur abandonne son beurre, le cacao apporte dans les produits de la confiserie ses vertus bienfaisantes, et ce n'est pas là un de ses moindres services. Les bonbons où n'entre pas le cacao ne doivent, lorsqu'ils sont purs, leur consistance qu'aux différentes cuissons et aux manipulations que subit le sucre dans le laboratoire du confiseur; ils empruntent leur parfum à quelques gouttes d'essence, et leur couleur à des teintures parfois dangereuses. Aussi sont-ils toujours échauffants et difficiles à digérer; leur usage délabre vite l'estomac, une sage hygiène recommande d'en manger peu et les défend d'une manière plus absolue à certains tempéraments. Les bonbons au chocolat ne présentent pas ces inconvénients; ils sont rafraîchissants, toniques, offrent les mêmes délicatesses au palais et ne fatiguent jamais les femmes et les enfants que leur organisation nerveuse rend si friands de toute nourriture aromatique et parfumée.

Le chocolat mangé en bonbons doit être du reste si finement et si soigneusement fabriqué qu'un très-petit nombre de chocolatiers ont seuls cherché à produire pour la confiserie, et nous regardons la réputation que dès son origine la maison Masson a su acquérir pour ses chocolats fins et ses bonbons comme un de ses titres les plus précieux. Nous avons toujours cherché à la faire progresser dans la voie qui lui fut tracée il y a près de cinquante ans par son habile fondateur, certains que la meilleure des conditions pour produire du bon chocolat ordinaire c'est d'avoir un outillage destiné à triturer les pâtes fines et des ouvriers habitués à triturer les chocolats de luxe. Le chocolat mexicain, même ordinaire, est plus homogène, plus moelleux, plus fondant que n'étaient avant lui les pâtes réputées les plus fines; pétri en bonbons, il donne des produits d'une suprême délicatesse; nous détaillerons bientôt quelques-unes des qualités qui l'aideront à maintenir à notre maison le haut rang qu'ont su lui mériter un demi-siècle d'efforts persévérants et périodiquement constatés par les récompenses obtenues dans les expositions de l'industrie nationale et universelle.

La bonne disposition, l'aérage, la salubrité des magasins et des usines sont des points capitaux qu'aucun fabricant n'ignore ni ne néglige aujourd'hui. L'emploi du granit et du porphyre, l'exclusion du fer de tout outillage qui sert à la trituration du cacao et à la manipulation du chocolat sont reconnus, depuis longtemps, d'une nécessité trop absolue pour que nous ayons à faire ressortir l'attention avec laquelle ces sages précautions sont observées dans notre manufacture. Quelques rares chocolatiers peuvent bien se servir encore de cylindres et de rouleaux en fonte; mais, au fur et à mesure que l'industrie se développe, la fabrication se concentre dans de grandes usines pour lesquelles ces imperfections seraient autant de causes de ruine. Le détaillant, comprenant qu'il ne peut lutter avec le manufacturier, ni comme qualité ni comme prix de revient, renonce à une concurrence impossible et se fait dépositaire ou simple vendeur, basant son bénéfice sur la différence du prix de fabrique au prix de la vente en détail.

En résumé, du bon choix des cacaos, de leur savant mélange, d'une torréfaction intelligente, de la perfection de l'outillage, des soins et du savoir avec lesquels on veille à la manipulation de la pâte, dépendent les qualités du chocolat. Or, ces perfections ne peuvent s'obtenir que dans une fabrication en grand, à la suite d'études, de tâtonnements, de sacrifices, d'efforts, de progrès constants. S'endormir dans des procédés routiniers et se reposer sur le prestige d'une vieille réputation, c'est se condamner à ne produire que des chocolats qui ne soutiennent plus la comparaison avec ceux que fabriquent les chocolatiers ordinaires. Plusieurs donnent cet exemple ; pour juger du progrès accompli dans notre industrie depuis quarante ans, qu'on compare leurs chocolats surfins avec les chocolats ordinaires triturés par la machine dite *mexicaine*, qu'après cinquante ans de progrès notre maison a cru devoir acquérir pour faire un dernier pas vers la perfection ; c'est le moyen le plus simple de juger de l'importance et de la vérité de nos assertions.

CHAPITRE IV.

Caractères d'un bon chocolat. — Différences des qualités et des prix. — Chocolats de l'épicerie. — Mélanges et sophistications. — Moyens de les reconnaître. — Le chocolat mexicain, prototype des chocolats fins et purs.

Un bon chocolat pur de toute mixture est d'un brun foncé, lisse, brillant et compacte; il ne se casse qu'avec effort à la température ordinaire; son grain est fin, uni; sa pâte d'une homogénéité complète. Dégusté, il fond sur la langue, humecte moelleusement le palais, imprègne les papilles de saveurs aromatiques et laisse une sensation d'agréable fraîcheur. Il se ramollit à l'humidité, fond à un certain degré de chaleur — 50 ou 60 degrés — et se dissout dans l'eau ou dans le lait sans laisser le moindre résidu. Une longue cuisson le fait légèrement épaissir par l'évaporation des liquides, mais il ne forme jamais une gelée ou une pâte consistante, comme les dilutions concentrées des substances mucilagineuses ou farineuses.

Tout chocolat qui ne présente pas ces caractères, mais dont la couleur trop rougeâtre ou trop foncée se marbre de nuances diverses ; dont la pâte grenue et friable n'est pas d'une homogénéité suffisante; qui, dégusté, imprègne le palais de saveurs âcres, de parfums crus ou exagérés et rend la bouche pâteuse ; qui, délayé, laisse des résidus ou épaissit par la cuisson au point de prendre la consistance de la pâte ou de la colle, doit être rejeté comme mal fabriqué, altéré ou falsifié.

Ces caractères s'appliquent à tous les chocolats en général et peuvent seuls servir à faire reconnaître les bons ; pour apprécier les différentes qualités et les nuances qui les séparent, il faut un goût exercé et un examen plus minutieux.

Le commerce partage les chocolats en deux grandes classes : les chocolats de santé et les chocolats vanillés. Cette dénomination de chocolats de santé est impropre, elle peut s'appliquer aux chocolats vanillés — qui sont plus favorables que les autres à un grand nombre de tempéraments — aussi bien qu'à ceux qui ne contiennent que du cacao et du sucre, lourds parfois, pour certains estomacs paresseux. Mais l'usage l'ayant fait prévaloir, nous la maintiendrons. Chacune de ces classes se subdivise, sous le nom de chocolats ordinaires, fins, surfins, etc., en un certain nombre de chocolats de qualité et de prix différents.

Le bon chocolat ordinaire doit être pris comme moyenne dans l'appréciation des prix et des produits d'une maison. Nous avons donné la composition du nôtre. Il ne nous appartient point de faire connaître celle de nos confrères qui, comme nous, préparent des qualités inférieures et supérieures à cette moyenne en proportionnant leur prix de vente à leur prix de revient ; mais nous ne craignons pas qu'aucune des qualités correspondantes, sorties d'autres usines, puisse primer les chocolats fabriqués par notre maison. — Nous ne parlons pas du chocolat mexicain, il est hors ligne. — Nous devons cependant combattre ici deux assertions également erronées que, dans ces derniers temps, on a émises avec quelque bruit.

Les uns ont prétendu que tout chocolat acheté plus de 2 fr. 50 c. le demi-kilo était grandement payé au-dessus de sa valeur ; d'autres, affirmant dans le sens contraire, ont affiché qu'au-dessous de 2 fr. 50 c. il était impossible au fabricant de livrer des chocolats purs de tout mélange.

Or, les prix des cacaos achetés en sacs s'échelonnent, année ordinaire, depuis 2 francs jusqu'à 5 francs le kilogramme. Même en rejetant les qualités trop inférieures, le fabricant peut donc trouver un bénéfice encore honnête, en livrant à la consommation des chocolats purs cacao et sucre à 1 fr. 50 c. et même à 1 fr. 40 c. la livre, et il n'exigera pas un prix trop exagéré en demandant 5 francs d'une livre de chocolat dont le cacao aura coûté 2 fr. 50 c. la livre, poids brut, et aura perdu plus d'un quart par le triage, la décortication et la torréfaction. Nous n'ajouterons pas que ces chocolats, d'un si haut prix, contiennent une quantité de vanille notable, et que leur manipulation exige des soins qui augmentent d'autant leur prix de revient.

Ces assertions intéressées produisent une impression funeste sur le public. Il ne sait pas que, dans leur commerce, ceux qui les émettent n'en tiennent aucun compte, les uns vendant à bon marché des chocolats notoirement mauvais, parce qu'ils ne pourraient pas dans leur spécialité en débiter de plus chers; les autres, fabriquant des chocolats qu'ils livrent, sous une dénomination particulière, jusqu'au prix réduit de 1 fr. 25 c. le demi-kilogramme.

Le prix moyen de 2 francs, auquel nous vendons notre chocolat ordinaire, laisse au fabricant un juste bénéfice, tout en lui permettant de livrer à la consommation des chocolats purs qui possèdent les qualités substantielles et aromatiques qu'on doit rechercher dans cet aliment. Mais il faut pour cela posséder des procédés de fabrication aussi perfectionnés que ceux qui fonctionnent dans la maison Masson, si l'on ne veut pas être obligé, — pour trouver dans ce prix une rémunération suffisante — d'employer des cacaos de qualité inférieure ou de livrer des chocolats mal triturés. C'est ce que font généralement les maisons qui, comptant sur leur vieille réputation, ne s'inquiètent en rien des progrès de l'industrie et regardent tout changement à leurs procédés routiniers comme une révolution onéreuse et inutile.

Le chocolatier ne descend guère dans sa vente au-dessous de 2 fr.; les qualités qui viennent après sont classées parmi les chocolats de l'épicerie — qu'on ne prenne pas en mal cette qualification, nous l'employons comme terme de commerce et non dans une autre intention — qui peuvent, en restant supportables, descendre au prix de 1 fr. 60 c. et jusqu'à 1 fr. 25 c.; mais à ces prix les mélanges commencent, deviennent presque indispensables, et plus bas on ne trouve plus que des sophistications indignes, incroyables.

Les mélanges les plus ordinaires se font par l'adjonction des farines de blé ou de riz, des fécules de maïs, de marrons, de pommes de terre, d'amandes grillées; on aromatise avec la cannelle, la fleur d'oranger, etc., et on force la quantité de sucre pour rendre la pâte plus facilement fondante.

Les amandes grillées ou torréfiées au caramel, par un procédé spécial qui rappelle celui employé pour la torréfaction des cafés dits de Chartres, jouent un grand rôle chez certains chocolatiers, auxquels elles procurent un double bénéfice, d'abord par leur prix moindre que celui du cacao, puis en permettant de faire entrer dans le chocolat une quantité de sucre bien plus grande.

Ces falsifications ne sont coupables que parce que l'enveloppe porte souvent « pur cacao, » et d'ordinaire simplement « chocolat, » ce qui constitue une tromperie sur la nature de la marchandise vendue. Elles n'ont aucun mauvais effet sur la santé publique, et une tasse de chocolat fait avec du cacao, de la farine de blé, de maïs ou une fécule fraîche et du sucre ou de la cassonade, est encore un des aliments les plus substantiels et les plus salutaires qu'on puisse prendre. Si le public s'habituait à les acheter sous une étiquette qui dît leur véritable composition, ce serait un pas immense fait hors la route qui mène à des falsifications plus coupables. Une certaine qualité de fécule ajoutée au cacao ne nuit d'ailleurs pas tant au chocolat que quelques esprits exagérés pourraient le faire croire; elle aide à rendre la pâte plus homogène, et lorsqu'on les prépare au lait ou à l'eau, ces chocolats sont plus *liés* — pour nous servir d'une expression qui, pour être prise à la cuisine, n'en est

moins juste — que les chocolats pur sucre et cacao.
Aussi les anciens chocolatiers n'auraient pas cru pouvoir faire de bons chocolats sans y mêler un peu de farine. Certains grands fabricants actuels suivent encore leurs errements et, en réalité, il n'est guère possible de rendre *liant* le cacao pur qu'en le triturant avec des machines aussi perfectionnées que les nôtres.

Les chocolats de l'épicerie ne se fabriquent guère dans les boutiques; la plupart des détaillants se contentent de vendre des chocolats dont la marque de fabrique garantit la qualité, et ceux qui veulent avoir leur estampille propre ou une estampille anonyme font leur commande au manufacturier qui fabrique spécialement pour eux d'après les doses convenues à l'avance.

Les chocolats mélangés de farines et de fécules sont d'ailleurs faciles à reconnaître à leur goût pâteux, à l'odeur et à la consistance de colle qu'ils prennent par la cuisson avec l'eau, et d'une manière plus exacte en traitant leur décoction aqueuse et très-étendue par l'eau iodée ou le sel marin qui la colorent en bleu. Si cette décoction dépose un sédiment terreux ou graveleux, c'est qu'on aura employé dans la fabrication de la cassonade impure au lieu de sucre.

Si ces mélanges, en raison de leur innocuité et des qualités qu'ils conservent et des bas prix auxquels ils sont vendus, sont jusqu'à un certain point excusables, il n'en est plus de même des falsifications que nous allons dénoncer.

Certains sont assez peu scrupuleux pour composer leurs chocolats de santé d'un mélange de fécules, de cacaos avariés, d'huile d'olive ou d'amandes douces et de graisse de veau ou de mouton; de résidus de cacaos dont on a extrait le beurre, de coques de cacao pulvérisées, de cassonades impures, de gommes et de matières mucilagineuses, de dextrine, etc., etc. Ces déplorables sophistications sont pour la plupart faciles à reconnaître; quelques procédés chimiques les déterminent d'une manière exacte.

L'odeur de fromage décèle la présence de graisses animales, la rancidité celle des huiles et des semences émulsives. Il a un goût de suif, une saveur amère et marinée ou de moisi s'il y entre des cacaos avariés ou trop brûlés. Les débris des coques et les germes, ne se dissolvant pas dans l'eau, se retrouvent dans le dépôt que laisse le chocolat liquide étendu et reposé. Les chocolats qui contiennent des résidus des cacaos dont on a extrait le beurre, sont secs, graveleux, friables, ne se ramollissent pas à la chaleur de la main, et ne présentent pas à la bouche le moelleux qu'offre le bon chocolat. On reconnaît la fraude d'une manière plus sûre en traitant les chocolats par l'éther, qui sépare les parties grasses dont on compare le poids à celui du chocolat, et on voit par la proportion qu'on établit de quelle quantité de beurre a été privé le cacao. Le degré de fusion des matières grasses décèle leur nature : le beurre de cacao fond à une chaleur de 24 à 25 degrés; mélangé avec des substances animales, il ne fond qu'à 26 ou 28 degrés; la graisse de veau est fusible à 30 degrés, celle de mouton à 36, la moelle de bœuf à 37.

Les chocolats obtenus par ces sophistications doivent demander leurs aromes à des substances énergiquement pénétrantes; l'odeur balsamique qu'ils exhalent en les faisant cuire fait souvent reconnaître le storax, le baume du Pérou ou de Tolu et le benjoin qui ont remplacé la vanille. Pour augmenter leur poids on y a ajouté différents résidus, des terres crayeuses, et on les a colorés avec du cinabre, du minium, de l'ocre, etc.; ils sont alors d'une couleur rouge prononcée, on remarque dans leur cassure des points agglomérés qui se prolongent en sillons d'un rouge brique, et cette même couleur se retrouve dans le résidu que laissent ces chocolats dissous, étendus d'eau et reposés. Traité par des réactifs chimiques, ce résidu a bientôt dévoilé les matières qui le composent

Depuis quelque temps une substance nommée dextrine ou xanthine, qu'on obtient en traitant des matières végétales par les acides et par la chaleur, joue un grand rôle dans la sophistication. Elle a l'avantage d'être soluble dans l'eau, de ne pas épaissir par la cuisson, et de sucrer énormément ; on la substitue aux éléments mucilagineux et on obtient une notable économie sous le rapport du sucre. Il faut donc se méfier des chocolats qui sont trop sucrés ; pour les éprouver faites bouillir pendant dix minutes 5 grammes de chocolat dans 2 grammes d'eau pure et jetez dans le liquide de l'eau iodée qui lui donnera une teinte lie de vin ou marron.

Ces sophistications, si monstrueuses qu'on a de la peine à y croire, ne sont pas rares, et plus le goût et l'habitude du chocolat se répandent dans les classes ouvrières, plus elles augmentent. La répression judiciaire, quelque vigilante et quelque sévère qu'elle soit, ne domptera jamais la falsification, tant que la cupidité viendra l'aiguillonner. Le dégrèvement des matières premières, du cacao et du sucre, rendant le gain du falsificateur moins considérable, l'annihilant presque, la fera seul disparaître. Lorsque, grâce à l'oïdium, au coulage et aux mille fléaux qui ont si rudement atteint les vinicoles, le vin est monté à un prix exorbitant, chaque cave de marchand de vins et jusqu'aux cuves du vigneron se sont converties en impures sentines où le jus de betteraves, le campêche, les mixtures les plus funestes donnaient à l'eau le ferment et les apparences du vin, sans que la police la mieux faite et la plus active pût réprimer le débit de ces fallacieuses et pernicieuses boissons. Deux ans d'une récolte médiocre, une baisse minime dans les prix ont suffi pour réprimer en partie cette scandaleuse falsification. Que la vigne retrouve sa santé, le raisin son abondance, et vigneron et commerçant retrouveront leur probité!

Ce dégrèvement est d'autant plus désirable que, le chocolat devenant de plus en plus de nécessité première dans l'alimentation publique, ce sont les classes qui, par leurs labeurs, ont le plus grand besoin d'une nourriture saine et substantielle qui sont le plus grandement et presque les seules atteintes. Nous sommes désintéressé plus que personne en le demandant; notre maison s'attache surtout à produire des chocolats fins, des qualités premières; elle ne craint pas la concurrence que pourrait lui faire une falsification impuissante à les contrefaire, plus impuissante encore à tromper les classes aisées et élevées, nos clients habituels.

Un palais habitué à nos chocolats reconnaîtra et rejettera avec dégoût, dès la première bouchée, la composition qui ne lui offrira pas le pur arome du cacao ou le parfum de la vanille. L'emploi des cacaos de qualité inférieure, ou avariés, si avantageux pour d'autres, celui des essences dont quelques gouttes remplacent des quantités considérables de vanille, serait pour notre maison une spéculation désastreuse, une cause de chute et de ruine. C'est persuadé de cette vérité, qu'après avoir donné à nos chocolats de santé et à nos chocolats vanillés toute la perfection possible, nous avons voulu faire faire un dernier pas au progrès en acquérant de M. Borel et Kohler les procédés brevetés pour la fabrication du chocolat mexicain.

Ce chocolat est tellement supérieur à tous ceux qui, contenant les mêmes matières premières, sont fabriqués par les procédés ordinaires, que les chocolatiers les plus émérites avouent eux-mêmes ne pas pouvoir s'expliquer comment nous obtenons un si heureux résultat. On ne se rend bien compte des qualités fondantes, moelleuses, aromatiques, rafraîchissantes, toniques et substantielles, que nous avons dit être les caractères d'un bon chocolat, qu'en dégustant une de ses tablettes; seul il possède cette homogénéité complète, cette finesse de pâte, de parfum et de couleur, qui guident le choix du connaisseur. Aussi le considérons-nous, avec la commission de l'Exposition qui lui décerna la médaille de 1re classe, comme le prototype des chocolats les meilleurs et les plus fins; et en racontant au chapitre suivant comment on prend le chocolat, nous dirons comment nous en avons fait la base des déjeuners les plus légers et les plus nutritifs, de nos bonbons les plus agréablement stomachiques, et comment nous avons su en faire le plus délicieux et le plus salutaire rafraîchissement qui soit venu remettre le danseur des fatigues de la valse et de l'emportement de la polka.

CHAPITRE V.

Comment on prend le chocolat partout

Le cacao et le blé sont les deux substances alimentaires qui se prêtent le mieux aux fantaisies gastronomiques de tous les peuples, et peut-être est-ce là le signe le plus irrécusable du rôle que leur a destiné la nature dans l'alimentation de l'homme. Simplement mêlé à quelques fécules et cuit dans l'eau, le cacao était la base de la nourriture des peuples d'Amérique; uni à la vanille et aux mille aromes que produit le sol encore vierge du nouveau monde, il délectait les plus friandes exigences du gourmet mexicain. De même la farine simplement pétrie donne le pain, — base de la nourriture des peuples de l'ancien monde, — tandis qu'employée par des mains habiles, elle entre dans toutes les combinaisons les plus délicates qu'ait pu rêver l'art culinaire le plus raffiné.

Dans le palais de Montézuma le chocolat, conservé dans des vases d'or, était présenté à l'empereur toutes les fois qu'il voulait franchir la porte du harem. L'Orient qui, lui aussi, s'endort dans toutes les mollesses des peuples à gynécées, cherche à rallumer des forces décrépites en trempant ses lèvres dans des coupes de porcelaine plus précieuse que l'or, pleines de chocolat ambré. Sur le plateau que l'esclave nubienne présente au sultan lorsqu'il s'assoit dans le jardin des délices, figure au milieu des sorbets, des confitures musquées, des pâtes à la rose, le chocolat mêlé aux aromes que la science des derviches a reconnus les plus énergiques.

Rendons du reste cette justice aux Orientaux, ils le méritent : ce sont bien les plus grands croqueurs de bonbons du monde entier. Un grave pacha s'entretiendra volontiers toute une journée avec un uléma, non moins grave, des destinées de l'empire ou du prix de la salade, en entremêlant ses tasses de café de tasses de chocolat, et en croquant sans cesse les bonbons que de silencieux esclaves, soulevant une tapisserie mystérieuse, viennent déposer devant eux.

Le thé et l'opium n'ont pas empêché le Chinois d'apprécier les qualités du chocolat; mais lui aussi a besoin de mêler aux aromes du cacao des parfums et des épices qui attisent son sensualisme, et il apporte dans sa préparation cette bizarrerie de goût qui en fait un peuple si étrange. Les Chinois des classes élevés surtout consomment une grande quantité de chocolat. Le cacao leur arrive en pâte sans aromates, on le fait cuire dans une petite quantité d'eau, puis il est servi dans d'imperceptibles tasses à un état presque consistant. Chaque convive prend alors, dans une boîte qui ne le quitte jamais, une poudre composée de vanille, de cannelle, de girofle et d'ambre gris, la mêle au chocolat, et à l'aide de ses bâtonnets d'ivoire fait dextrement arriver à sa bouche des boulettes de cette pâte, grosses comme des grains de riz.

Nous avons dit comment les religieuses des couvents de l'Amérique espagnole excellaient à composer les chocolats puissamment aromatisés, et comment les dames de certaines villes du Mexique et du Brésil accommodaient leurs pratiques dévotes avec leur goût pour ces chocolats et s'en faisaient servir jusque dans les églises. En Russie, où la rigueur du climat force les classes aisées à passer la plus grande partie de leur existence dans des appartements calfeutrés et fortement chauffés, — dont l'atmosphère étouffante n'est pas moins énervante que les chaleurs tropicales et les mollesses de l'Orient, — ces sortes de chocolats sont aussi recherchés que notre vin de Champagne. Mais ce sont là des bizarreries inhérentes à notre nature, qui ne tiennent pas plus de place dans la consommation générale que les excès commis avec toute autre substance. En France, le chocolatier qui produit par milliers de quintaux le chocolat ordinaire, ne fabrique pas annuellement quelques livres de ces chocolats excentriques, et encore attend il toujours la demande pour les faire. En Espagne, en Italie ils ne sont guère plus répandus.

Le noble et le mendiant castillans ont un goût égal pour le chocolat, pour l'un et pour l'autre c'est l'aliment de première nécessité; ils le prennent sans doute de qualité différente, mais le préparent de la même manière. Ils triturent le cacao et en forment une pâte toujours fabriquée à l'avance. On met sur le feu la quantité d'eau relative au nombre de tasses que l'on veut obtenir. Pendant que l'eau chauffe, on râpe le cacao, on délaye cette poudre avec celle des aromates qu'on veut y mêler, en ayant soin d'humecter le tout avec un peu d'eau ou un jaune d'œuf. Quand le mélange est fait, on le met dans la chocolatière et l'on verse l'eau bouillante dessus par petites portions en remuant jusqu'à ce que la préparation soit bien divisée. La chocolatière est ensuite placée sur le feu; il se forme quelques bouillons, et quand le chocolat est assez cuit, on laisse monter l'écume qu'on distribue dans chaque vase jusqu'à ce qu'il ne s'en forme plus, puis l'on verse dans les tasses ce qui reste de la liqueur bouillante, que chacun sucre à sa fantaisie.

Fait ainsi, le chocolat est agréable, léger, d'une digestion facile, et l'addition des jaunes d'œuf augmente ses qualités substantielles. Deux ou trois tasses par jour suffisent à la nourriture d'un Espagnol. Mais cette préparation est longue, demande des soins minutieux et donne souvent au chocolat un goût qui ne convient pas à tout le monde.

Les Italiens exagèrent la torréfaction du cacao pour développer ses qualités aromatiques; ils font fondre le chocolat dans l'eau, y ajoutent aussi parfois des jaunes d'œuf, puis le placent dans une chocolatière munie d'un moulinet qu'ils agitent vivement pour le rendre mousseux; ils le versent ensuite dans les tasses. Pris chaud, il forme leur déjeuner; il figure froid ou glacé dans tous les soupers et dans toutes les collations.

L'Italie, qui a hérité sans doute de Lucullus et des gourmets si distingués de l'ancienne Rome d'une foule de recettes dont elle a doté la cuisine moderne, qui a inventé les crèmes au madère et les sorbets au rhum, associe parfois aussi à ses chocolats les vins chauds, le madère, le rhum, l'eau-de-vie; et cette habitude est encore plus répandue chez d'autres peuples. Cette association du cacao et des spiritueux doit être faite par une main habile et ne donne pas toujours des résultats heureux. L'action de l'esprit-de-vin, qui tend toujours à séparer le beurre de cacao des principes aromatiques et des autres éléments de l'amande, rend ce mélange peu naturel ; le bon goût français ne s'en accommode que difficilement. L'addition du rhum, du madère, et celle des divers aromates peut d'ailleurs aussi bien changer les propriétés du chocolat que celles des matières médicinales ; c'est à ceux qui les font d'en prévoir et d'en apprécier les effets.

Lorsqu'en France le chocolat sort des mains du fabricant, c'est déjà l'aliment délicieux dont nous avons décrit les qualités. Le voyageur, l'employé, le soldat, qui n'ont ni le loisir ni la possibilité de le préparer, le mangent ainsi, et une petite quantité soutient leurs forces. A Solferino, une tablette de chocolat, trouvée dans les poches de sa selle, nourrit seule l'Empereur pendant toute la journée. Le maréchal Bugeaud, à qui nos troupes doivent l'usage du café, regrettait souvent que les chaleurs africaines ne permissent pas au soldat d'emporter dans son sac un aliment si restaurant et si facile à prendre, même sur le champ de bataille. Les occasions de déguster aussi glorieusement son chocolat que celles que nous venons de citer sont sans doute rares ; il est plus facile de trouver des exemples des services qu'il rend dans les excursions lointaines : l'Anglais, qui en prend rarement chez lui, s'en approvisionne abondamment pour ses voyages. Le rapport du capitaine Mac-Clintock nous apprend que ce fut le dernier aliment qui soutint le malheureux Franklin et ses compagnons perdus dans les régions polaires.

Mangé ainsi sec, le chocolat est très-salutaire aux tempéraments défaillants, aux estomacs faibles qui ne digèrent bien que de petites quantités de nourriture souvent répétées ; son usage a suffi pour soutenir les jours et parfois ramener à la santé des personnes qui s'éteignaient dans l'étiolement. Les femmes et les enfants n'ont point de meilleur moyen de traverser sans tiraillements d'estomac et sans faiblesses les longs intervalles qui séparent les repas. Une tablette de chocolat mexicain, prise en une bouchée et fondant délicieusement sur la langue, redonne la vigueur et nourrit pour plusieurs heures, non pas en trompant la faim, comme certaines substances fastidieuses ou de digestion difficile, mais en livrant presque instantanément à l'organisme les riches et bienfaisants principes qu'elle contient.

La beauté, l'embonpoint, la fraîcheur du teint et de la peau se trouvent également bien de cette pratique, qui est presque un traitement contre l'exagération du système nerveux. Ce traitement est d'autant plus facile et agréable à suivre, que les tablettes de nos chocolats mexicains, spécialement composés pour être pris en bonbons entre les repas, sont rangés dans des boîtes formant bonbonnière et pouvant ainsi être toujours posées sous la main et portées partout, au théâtre, à la promenade, au bal.

Le chocolat est en France le meilleur et le plus ordinaire des déjeuners qu'on puisse faire. On le prend à l'eau ou au lait, et, — à l'heure matinale où l'estomac est encore affadi et presque fatigué par le long repos de la nuit, — ses aromes réveillent l'appétit, fortifient l'organisme entier et laissent au cerveau l'activité et le calme nécessaires pour vaquer aux affaires importantes auxquelles est consacrée la première partie de la journée. C'est surtout ainsi que le chocolat est l'aliment sain, délicieux, puissamment nourrissant, « qui doit passer dans tout estomac où il reste un peu de pouvoir digestif, » que vante Brillat-Savarin et que recommandent les médecins. Une habitude désastreuse lui fait encore préférer par beaucoup de personnes, surtout dans les grandes villes, le café au lait : une irritation constante des organes digestifs, l'insomnie, une agitation générale très-nuisible aux vieillards et aux enfants, plus funeste aux femmes, est la conséquence de cette préférence, qui tend, du reste, tous les jours à disparaître.

On a écrit des traités sur la manière de faire le chocolat, et, comme pour le café, on s'est constamment jeté dans les exagérations. La préférence à donner au chocolat à l'eau ou au chocolat au lait a été aussi une source de polémique, et les gourmets se sont divisés en deux camps soutenant chacun son opinion avec une égale chaleur et la conviction profonde que donne toujours un estomac satisfait. Pas n'était besoin de tant de bruit, nous le pensons humblement, autour de ces deux importantes questions.

Le goût d'un chacun et ses forces digestives peuvent seuls déterminer lequel du chocolat au lait ou du chocolat à l'eau doit être préféré. Si pour beaucoup le chocolat à l'eau est d'une digestion plus facile et d'un goût plus fin, bien d'autres, pour qui le lait est un aliment salutaire, aiment à lui voir joindre ses vertus à celles du cacao et de la vanille. Il faut seulement que le lait soit pur et sain, et ceci est rare dans les grandes villes, surtout à Paris, dont la consommation est desservie par vingt mille vaches laitières nourries dans un rayon de quelques lieues et impitoyablement condamnées à la phthisie, après avoir donné, pendant deux ans, une sécrétion aussi abondante que malsaine. L'emploi de ce lait, qui, frelaté déjà par la nourriture dans le pis de la vache, subit de si nombreuses falsifications en passant par les mains de cinq ou six intermédiaires avant d'arriver au consommateur, fait trop souvent remonter jusqu'au chocolatier les récriminations qu'inspire toujours un déjeuner mal préparé, et, chose plus grave, détruit les bons effets du cacao pour la santé.

Le manque de soin, d'attention de la personne chargée de préparer le chocolat, est aussi une cause constante d'accusations injustes contre le fabricant. Le chocolat laissé trop longtemps sur le feu épaissit-il par suite de l'évaporation : C'est, dit la cuisinière, qu'il était moitié farine. A-t-il été mal dissous, et quelques-unes de ses parcelles attachées au fond de la chocolatière ont-elles reçu par l'action d'un feu trop violent un goût de roussi : Parbleu ! s'écrie-t-on, il est bien facile de s'expliquer ce mauvais goût : le chocolatier n'emploie que des cacaos brûlés. Trop pressé, le chocolat à peine en ébullition est-il enlevé de dessus le fourneau et versé dans les tasses, à la première observation qu'amènent les grains de chocolat mal fondus, on réplique par un : C'est le chocolatier qui a voulu employer ses coques de cacao ! Et mille reproches, qui pour tomber d'une jolie bouche n'en sont que plus désagréables, font expier au pauvre fabricant des méfaits dont il est innocent.

Oh ! que nous voudrions qu'une mode salutaire fît pour le chocolat ce qu'elle a fait pour le thé, et que chaque maîtresse de maison dût, pour ne pas forfaire à ses devoirs, surveiller la préparation de son chocolat ; et s'il ne fallait qu'une ardente prière pour faire naître cette salutaire habitude, comme nous les supplierions avec ferveur d'accorder à cette chose si importante,—la préparation du chocolat,—un peu de cette attention minutieuse dont elles environnent la théière. Elles nous épargneraient ainsi bien des accusations injustes, et trouveraient de bien friandes compensations aux soins qu'elles seraient forcées d'avoir. L'opération est d'ailleurs si facile qu'elle ne ternirait jamais la délicatesse des mains les plus mignonnes et les plus blanches.

Pour faire du chocolat à l'eau ou au lait, prenez de bon chocolat, jetez, dans un peu d'eau ou de lait bouillant, autant de tablettes rompues par morceaux que vous voulez faire de tasses ; faites-le dissoudre en le triturant avec une cuiller contre les parois du vase, puis versez la dilution dans la chocolatière ; mettez dessus la quantité d'eau chaude ou de lait nécessaire au nombre de tasses ; posez sur le feu, faites bouillir pendant cinq minutes et cuire à une chaleur modérée pendant un quart d'heure. Ainsi préparé, votre chocolat sera parfait.

Lorsqu'on veut le prendre mousseux on se sert de la chocolatière à moulinet ; mais on ne doit faire subir cette opération qu'au chocolat à l'eau, l'action du moulinet faisant presque toujours *tourner* le lait.

Il faut, pour que le chocolat qu'on prendra soit bon, que la pâte qu'on dissout dans l'eau ou dans le lait soit bonne et bien confectionnée : — ceci est aussi important que de prendre un lièvre pour faire un civet. — Si cette pâte n'est pas parfaitement

homogène, qu'elle contienne des cacaos mal torréfiés, mal triturés ou de qualité inférieure, des sucres impurs, ou des vanilles de mauvaise qualité, la cuisson mettra immédiatement à nu ses imperfections, les exagérera même. Avec des chocolats fins, ou fabriqués par la mexicaine, rien de pareil n'est à craindre : la dissolution est toujours parfaite, aucun précipité ne se forme au fond de la chocolatière et une longue cuisson est inutile. Les qualités qui distinguent le chocolat mexicain et qui sont si agréables lorsqu'on le prend sec, se développent encore lorsqu'on le prépare à l'eau et au lait; il devient ainsi le déjeuner le plus exquis qu'on puisse offrir au gourmet le plus raffiné.

Quelques rares établissements publics, bien connus des gourmets, donnent à la préparation du chocolat le soin qu'elle mérite; mais la plupart introduisent une notable quantité de fécule dans la chocolatière, et dans cette falsification le goût du vulgaire, qui aime le chocolat un peu épais, — jugeant de ses qualités nutritives d'après sa consistance, — se fait presque toujours le complice bénévole de la cupidité du débitant. Si du café on descend à la crèmerie, la falsification devient plus grande; plus bas encore sont d'odieuses mixtures qu'on vend sous le nom de chocolat.

Les milliers de tasses de chocolat qu'on débite journellement dans les établissements infimes où l'ouvrier est obligé d'aller prendre un repas qui ne lui coûte que quelques sous, se composent de cacaos avariés et de qualité tout à fait inférieure, de cosses et de résidus d'amandes dont on a extrait le beurre, mêlés à des fécules ou à des substances mucilagineuses, qu'on remplace depuis quelque temps avantageusement par la dextrine, qui n'épaissit pas et sucre beaucoup.

Tous ces éléments hétérogènes, auxquels on joint, suivant les besoins, des substances grasses, sont triturés ensemble, puis cuits dans une petite quantité d'eau, de manière à former une pâte fort épaisse. Quand on veut la servir, on prend une certaine quantité de cette pâte, on la délaye dans une certaine quantité d'eau et de lait, et on sucre avec de la cassonade.

Le consommateur paye trois ou quatre sous un bol plein de cet affreux mélange, et au bout de quelques années l'honnête débitant fait bâtir dans un coin de la banlieue, et vit des revenus si bien acquis.

Auprès de la crèmerie prospère une autre de ces industries inconnues, comme Paris peut seul en voir naître et faire vivre : c'est le marchand de coques et de détritus de cacao. Autrefois, les coques étaient sans valeur et on jetait les détritus. Aujourd'hui, les chocolatiers vendent les coques, les détritus et tous les résidus que le crible, le van et le triage ont séparés des amandes, en bloc, de 15 fr. les 100 kilos, à un industriel qui les soumet à un nouveau et minutieux triage. Les petits grains et les débris de cacao qu'il recueille servent, avec une partie des coques, de base aux mixtures que nous avons décrites. Ce qui ne peut être consommé à Paris est expédié en Angleterre et en Allemagne. En Angleterre, on fait fermenter les coques dans de l'eau, on édulcore avec du miel ou des cassonades impures, et cette fermentation y remplace le coco. C'est la boisson ordinaire des vieux marins de Greenwich, et, sans être comparable à la liqueur vineuse que donne la pulpe des cabosses, elle emprunte au cacao quelques qualités toniques et rafraîchissantes. En Allemagne, on les réduit en poudre, on les fait longuement bouillir dans l'eau et on mêle avec du lait la pâte qu'on obtient ainsi.

Comme tout se perfectionne et progresse en ce bas monde, le marchand de coques est bientôt devenu marchand de poudre de cacao ; une machine pulvérisante lui a suffi pour cela, et désormais il vend aux amateurs et expédie en Angleterre le cacao en poudre le plus pur (1). Ce créateur d'une industrie nouvelle serait, au demeurant, malgré son intelligence, le meilleur fils du monde, s'il n'avait ce travers de juger

(1) Cette poudre tend à devenir *la chicorée* du chocolat. Comme son prix de revient est presque nul, elle peut supporter de forts droits d'entrée et offrir au fabricant des bé-

les chocolats d'après le nombre de sacs de coques et de détritus que lui livrent les fabricants ; toute son estime est, comme cela se doit, accordée à ceux qui sont assez habiles pour employer le cacao tel que Dieu l'a fait, sans perdre la moindre parcelle de sa pellicule. Il en parle avec toute la sympathie jalouse qu'on porte à un heureux confrère, et répand son dédain sur ceux qui lui livrent à vil prix des coques qui coûtent souvent le prix du caraque ; il leur pardonne avec peine, le brave homme, de faire sa fortune.

Ce n'est pas sans tristesse et sans amertume que nous, fabricants, nous dévoilons quelques-unes de ces falsifications et de ces industries interlopes qui compromettent la santé publique et jettent sur l'industrie chocolatière un regrettable reflet de sophistication et de charlatanisme. Nous avons toujours hâte d'en terminer avec elles, et toujours nous les retrouvons devant nous ; elles ne finiront que le jour où les cacaos, nets de tous droits, seront descendus à un prix qui permettra de livrer des qualités passables pour le prix auquel on vend actuellement ses coques. Si nous revenons sur cette idée du dégrèvement,

---

néfices considérables ; aussi Londres en fait-il une grande consommation. Ceci explique pourquoi, sur cent échantillons de cacao pulvérisé, la commission sanitaire de Londres en trouve 70 de frelatés.

qu'on nous le pardonne : le bien-être et la santé publique y sont également intéressés.

Les spécialités médicales usent d'une manière non moins désagréable, et parfois non moins funeste, du cacao. En se servant du chocolat comme véhicule pour déguiser tel ou tel remède, ils ne songent pas qu'en administrant du chocolat à la quinine à un fiévreux, ils n'obtiendront le plus souvent d'autre résultat que de dégoûter le malade d'un aliment qui peut-être l'eût seul guéri de la fièvre, et qui, à coup sûr, eût diminué les accès et grandement aidé à sa convalescence. Nous n'avons pas qualité pour adresser d'autre critique à ce mode de médication qui semble vouloir s'étendre, mais comme chocolatiers nous lui trouvons ce vice radical de dénaturer le goût du chocolat, de le rendre ou insipide, ou répugnant et détestable.

En Allemagne, on prend, nous l'avons dit, le chocolat après le repas, on le sert alors fort léger, très-étendu d'eau ou de lait et un peu aromatisé. Cette manière de le prendre, importée en France, nous a fourni, sous le nom de bavaroise, un de nos rafraîchissements les plus salutaires et les agréables. La mode, qui préside et domine tout, l'avait un instant relégué aux cafés, où même il était un peu délaissé; un sage et salutaire retour du bon goût et du confortable le ramène et lui donne, avec le chocolat à la glace, le pas sur presque tous les rafraîchissements qu'ont adoptés les classes supérieures, pour leurs bals et leurs soirées. A la préférence que danseurs et invités lui accordent sur les préparations alcooliques, — qui brûlent le sang et irritent le cerveau, — et sur les glaces et sorbets, — qui font si chèrement payer, par les défaillances, les palpitations et les gastrites, un moment de sensualisme, — les maîtresses de maison ont pu comprendre que le chocolat était désormais un complément plus indispensable de tout festival que le thé, le punch et le souper.

Pour ces chocolats de soirée, que nous préparons d'une manière toute spéciale, avec nos machines dites mexicaines, nous choisissons les cacaos les plus aromatiques et nous y joignons nos vanilles les plus fines. D'autres parfums, la pistache, le moka, l'ambre à dose imperceptible, s'y mêlent pour plaire à tous les goûts. La pâte en est faite de telle sorte que, glacés, ils sont d'un moelleux et d'un fondant aussi parfaits que les crèmes les plus fines et les mieux battues, ce qu'on n'obtenait jamais avec les chocolats ordinaires, que le froid granulait et décomposait toujours, quelque précaution que prît le glacier.

Les bonbons au chocolat figurent aujourd'hui également bien sur les buffets garnis pour la collation, dans les services du dessert et dans les bonbonnières ouvertes sur la table des boudoirs. Partout ils sont

également bien prisés et croqués. La fantaisie et les caprices d'un goût raffiné guident seuls, avons-nous dit, les chocolatiers dans leur composition : ce n'est pas tout à fait exact, et s'il nous était permis de dévoiler tous les secrets du métier, nous pourrions faire assister nos lecteurs à un de ces graves conseils composés des gens les plus experts, des bouches reconnues les plus fines de la maison, et discutant savamment sur le mérite du nouveau bonbon offert à son appréciation, le rejetant souvent, l'ajournant parfois, et ne l'admettant à figurer dans les boîtes qu'après qu'il a subi les épreuves d'une critique sévère et d'un vote impartial.

C'est qu'un bonbon a une suprême importance ; non-seulement de lui dépend parfois la fortune commerciale d'une maison, mais il résume dans les éléments qui le composent l'histoire du progrès humain.

Cette histoire, rassurez-vous, belle lectrice, nous laisserons à des gens ayant plus de loisir le soin de l'écrire ; nous nous contenterons de faire le bonbon. En vous parlant du chocolat, nous n'avions qu'un but : vous intéresser à notre industrie, prouver que son rôle est plus grand que celui qu'on lui assigne ; qu'elle peut non-seulement complaire à de friands appétits, mais qu'encore elle peut aider d'une puissante manière les progrès du bien-être et de la santé publique. En demandant qu'on allège un peu les entraves qui enrayent nos efforts, nous l'avons fait au nom des classes qui plus qu'aucune ont besoin d'une nourriture éminemment fortifiante; au nom de la probité commerciale, qu'un lucre facile et illicite tente toujours; au nom de notre marine et de nos colonies, auxqu'elles nous offrons une source de prospérité inépuisable comme celle des besoins publics. Serons-nous entendus? Hélas! nous crions de bien loin; et, quelle que soit leur bonne volonté, ceux à qui nous nous adressons humblement ont bien de la peine à tout entendre; un mot de vous, fût-il glissé tout bas, leur arriverait plus vite; et bien des enfants, tristes, pâles et souffreteux, retrouvant dans les principes généreux du cacao leurs couleurs et la santé, vous remercieraient par leurs joyeux sourires du patronage que vous avez bien voulu accorder à l'industrie qui prépare la nourriture la meilleure et la plus agréable pour leur âge.

TABLE DES MATIÈRES

Avant-propos. . . . .

CHAPITRE Ier. — Le chocolat chez les Aztèques. — Son introduction en Europe. — Anne d'Autriche et le cardinal Richelieu. — Louis XIV et le régent. — Cacao, thé et café. — Leur influence dans le bien-être et l'alimentation des peuples.   9

CHAPITRE II. — Matières premières. — Cacao. — Sucre. — Vanille, etc.   26

CHAPITRE III. — Fabrication du chocolat.   56

CHAPITRE IV. — Caractères d'un bon chocolat. Différences des qualités et des prix. — Chocolats de l'épicerie. — Mélanges et sophistications. — Moyens de les reconnaître. — Le chocolat mexicain, prototype des chocolats fins et purs.   74

CHAPITRE V. — Comment on prend le chocolat partout.   86

MAISON MASSON

PARIS, RUE RICHELIEU, N° 28 ET 28 bis

USINE A LA VILLETTE — ROUTE DE FLANDRES,

DELAFONTAINE ET OLTTWILLER

Chocolats de santé et Chocolats vanillés pour déjeuners
garantis pur cacao
sucre et vanille de première sorte

Chocolats spéciaux pour Sauces, Entremets, Glaces, etc.

MÉDAILLES AUX EXPOSITIONS DE PARIS ET DE LONDRES

1844 - 1849 - 1851 - 1855

CHOCOLAT MEXICAIN

b. s. g. d. g.

Ce chocolat, infiniment supérieur à tous ceux fabriqués jusqu'à ce jour, doit les qualités qui lui ont valu la **MÉDAILLE DE 1re CLASSE** la première fois qu'il a paru à l'Exposition, à des procédés de fabrication brevetés, dont la maison Masson est seule propriétaire. C'est le plus nutritif, le plus tonique, le plus digestif de tous les chocolats; son arome est parfait, son assimilabilité complète; c'est la meilleure des nourritures pour les enfants et les estomacs faibles.

CHOCOLATS EN BONBONS ET PRALINÉS

Typ. Cosson et Comp., r. du Four-St-Germain,

www.ingramcontent.com/pod-product-compliance
Lightning Source LLC
Chambersburg PA
CBHW070237100426
42743CB00011B/2082